Die Invasion aus unserer Welt

Kurt Orth

Die Invasion aus unserer Welt

Kurt Orth

Impressum

© 2015 Kurt Orth, 35321 Laubach, Baumgartenstr. 34

Druck und Verlag: Printed in Germany by Amazon Distribution GmbH , Leipzig

Inhaltsverzeichnis

Die Invasion aus unserer Welt

Ist von einer Invasion die Rede, denkt fast jeder an Invasionen von benachbarten Völkern oder gar von fremden Planeten. Unzählige Romane und Filme sind zu diesem Themenkreis erschienen und jagen dem geneigten Leser oder Zuschauer eine Gänsehaut über den Rücken. Dabei gehen wir ganz selbstverständlich von kriegerischen, feindlichen Absichten der Invasoren aus.

Wir in Deutschland sind glücklicherweise seit Jahrzehnten von menschlichen oder gar außerirdischen Invasoren verschont geblieben. Ob es außerirdische Invasoren überhaupt gibt, sei dahingestellt.

Es gibt aber seit vielen Jahrzehnten eine Invasion, die mehr oder weniger unbemerkt stattfindet. Diese Invasion hat einen großen Einfluss auf unsere Umwelt und in gewissem Maße auch auf uns. Damit ist die Invasion von Tieren und Pflanzen aus anderen Ländern der Erde in unsere Ökosysteme gemeint. Manche dieser Arten sind klein und unauffällig und werden kaum wahrgenommen, andere erreichen eine Größe, ab der sie nicht mehr zu übersehen sind.

Dummerweise ist ein Großteil dieser Arten mit voller Absicht eingebürgert worden, ohne die Gefahren für Einheimische Arten zu bedenken.

Einige Arten sind im Zug der Antipelzkampagne unüberlegt in die Freiheit entlassen worden, und viele Pflanzen wurden durch Gartenliebhaber in der Natur ausgesät. So langsam begreifen zumindest einige, dass ganze Ökosysteme dadurch in Gefahr geraten.

Man könnte die Meinung vertreten, was der Mensch eingeschleppt hat, das kann er auch wieder beseitigen. Leider hat sich das als nicht so einfach herausgestellt.

Sehr viele dieser Invasoren haben bei uns einen Lebensraum angetroffen, der ihnen ideale Bedingungen bietet.

In diesem Lebensraum haben sie sich erstaunlich vermehren können und sind nur noch schwer beherrschbar. Alleine bei den tierischen Invasoren geht man mittlerweile von über tausend Arten aus, die sich einen zum Teil erbarmungslosen Krieg mit einheimischen Arten liefern.

Allgemein hat sich das Jahr 1492 (Columbus Entdeckung Amerikas) als Regel etabliert, wer Einwanderer ist und wer nicht. Ob diese Betrachtungsweise angebracht ist oder nicht, ist strittig.

So hat etwa das Muffelwild Europa vor zehntausend Jahren großflächig besiedelt. Es wurde durch Jagd und tierische Feinde wieder vertrieben und Jahrhunderte später erneut angesiedelt.

Es nun als unerwünschten Einwanderer zu vernichten erscheint sehr fragwürdig, vielleicht stehen eingefleischte Jagdgegner hinter dieser Diskussion.

Einige Ökologen sehen die Invasoren (Neozoen) als Bereicherung unseres Ökosystems und fordern ihren unbedingten Schutz. Das ist der Traum von Multikulti im Tierreich, für die einheimischen Arten eher ein Albtraum. Die Diskussion über das Für und Wider der Duldung der Invasoren nimmt mitunter eigenartige Formen an. Einige „Wissenschaftler" werfen den Gegnern der Neozoen Rassismus vor, hier werden Begriffe missbraucht, die man besser da lässt, wo sie hingehören.

Ob willkürlich eingeschleppte Arten die Dynamik eines Ökosystems beleben, möchte ich stark bezweifeln. Sachlichkeit bleibt im Natur - und Artenschutz oft auf der Strecke. Wer Andersdenkende mit beleidigenden Begriffen belegt, beweist eher seine eigene geistige Verblendung. Begriffe wie Hermann-Löns-Fraktion, abstruse Überfremdungsängste, rassistische Wildbiologen, kennzeichnen die Unsachlichkeit, mit der oftmals argumentiert wird.

Die Urheber dieser sprachlichen Entgleisungen möchte ich nicht nennen, diese Aufwertung haben sie nicht verdient. Diese Leute wollen sich nur profilieren, das Schicksal der betroffenen Tiere ist ihnen vermutlich gleichgültig.

Im Artenteil werde ich näher auf die von einigen „Tierischen Immigranten" verursachten Schäden im Ökosystem eingehen. Diese Schäden nicht zu sehen oder zu ignorieren ist einem ernsthaften Wissenschaftler unwürdig.

Leider ist aber genau das bei einem Großteil der Wissenschaftswelt der Fall.

Jede Tier- und Pflanzenart hat seine eigene Nische im Ökosystem, in der sie nur bedingt Konkurrenz verträgt. Kommen neue Arten dazu, entbrennt zwangsläufig ein Konkurrenzkampf um Ressourcen und Lebensraum. Werden bei diesen Konfrontationen einheimische Arten gefährdet oder verdrängt, sind Beeinträchtigungen im Ökosystem eingetreten.

Im Laufe einer Diskussion zu diesem Thema warfen mir Mitglieder einer großen Umweltschutz Organisation vor, ich wollte Gott spielen. Nach dieser Logik dürften wir auch keine Ratten, keine Mäuse und schon gar keine Krankheitserreger bekämpfen.

Besonders problematisch ist die Geschichte bei Arten, welche aus dem Mittelmeerraum von selber bei uns einwandern. Diese als Invasoren zu bezeichnen ist äußerst problematisch. Die meisten unserer Singvögel sind erst nach der großflächigen Rodung der Urwälder bei uns eingewandert.

Keiner käme auf die Idee, diese Arten als Invasoren zu bezeichnen. Auch in neuerer Zeit kommen infolge der Klimaerwärmung zunehmend neue Arten selbstständig zu uns (Taubenschwänzchen, Wespenspinne).

Im Folgenden möchte ich einige invasive Arten stellvertretend aufzählen und deren Einfluss auf unsere Ökosysteme verdeutlichen.

Die Säugetiere

Das Mufflon (Ovis orientalis musimon)

Das Mufflon stammt nach neueren Untersuchungen aus dem vorderasiatischen Raum und wurde vor fünftausend bis achttausend Jahren von Nomaden in der Sahara angesiedelt. Von hier aus wurde es nach Korsika und Sardinien gebracht. Aus Funden ist belegt, dass es auch in anderen Teilen Europas ausgesetzt wurde. Außer den beiden Inseln ist es aber im Rest Europas durch Überbejagung und Raubtiere ausgerottet worden.

Im Jahr 1780 wurden dann wieder die ersten Mufflon auf dem Festland angesiedelt, was in den nächsten Jahrhunderten mehrfach wiederholt wurde. Mittlerweile ist es über große Teile Europas verbreitet und bereichert die jagdliche Wildbahn.

In den letzten Jahren mehren sich die Stimmen, dieses von Menschen eingebürgerte Wild wieder auszurotten. Von Förstern und Waldbesitzern werden Verbiss und Schälschäden als Grund angegeben. Dass dies bei einem zu starken Bestand nicht von der Hand zu weisen ist, konnte ich selbst in starken Wintern beobachten. Der Hauptgegner des Mufflonbestandes auf dem Festland sind allerdings Jagdgegner, welche ein zu Jagdzwecken ausgesetztes Wild grundsätzlich ablehnen.

Dieses sind oft die gleichen Leute, welche den Erhalt der „Kulturlandschaft" lautstark fordern. Auf der einen Seite Veränderungen durch den Menschen verteufeln (Mufflon, Damhirsche) auf der anderen Seite Veränderungen „Kulturlandschaft" festschreiben wollen, entspringt der verqueren Logik so mancher Naturapostel.

Leider wurden die Mufflon in den letzten Jahrhunderten öfter mit anderen Schafarten gekreuzt, so dass es schwierig ist, reinrassige Vorkommen sicher nachzuweisen.

Bildlegenden:
Damhirsch

Mufflon

Mufflon von Lux gerissen, Rothirsch

Mufflonrudel

Waschbär, Nandu

Dabei wird die unsinnige Forderung einiger Jagdgegner, die Mufflon wieder nach Korsika und Sardinien zu bringen zur Lachnummer. Dadurch würden diese mit ziemlicher Sicherheit reinrassigen Bestände mit möglichen Kreuzungspunkten vermischt und das reinrassige Mufflon wäre ausgestorben.

Ein wirkliches Problem der Mufflon auf dem Festland ist der zu weiche Boden. Auf Waldboden nützen sich die Schalen ungenügend ab und wachsen unnatürlich in die Länge. Dadurch sind die Tiere in der Fortbewegung behindert und werden zur leichten Beute von Raubtieren und wildernden Hunden. In manchen Revieren werden sie daher regelmäßig gefangen und manikü't.

Bei wirklich zu starken Waldschäden ist natürlich den schon immer einheimischen Wildarten der Vorrang zu geben, die Mufflon müssen dann in diesem Forst reduziert oder im schlimmsten Fall gänzlich abgeschossen werden.

Im Verlauf von fünf Jahren habe ich selber Mufflon in einem Gehege gepflegt und konnte viele interessante Beobachtungen an diesen Wildschafen machen. Besonders das Sozialverhalten hat mich sehr überrascht. Die Widder erwiesen sich als mutige Verteidiger der Lämmer und haben sie sogar gegen mich abgeschirmt. Kam ein Hund dem Gehege zu nahe, stand ihm schnell ein Widder mit gesenktem Gehörn gegenüber. Und dass, obwohl die Tiere sonst große Angst vor diesem Wolfsnachfahren hatten und in kopfloser Flucht das Weite suchten, wenn ein Hund am Gehege auftauchte.

Während der Brunft wurde bei den Widdern das übliche Verhalten abgeschaltet und sie bestanden nur noch aus Testosteron. Selbst mich, seinen Pfleger, hat der „Chef" angegriffen und nicht unwesentlich verletzt.

Das Schälen war in diesem Gehege nicht bedeutend und konnte vernachlässigt werden. Hierbei sind andere Wildarten deutlich auffälliger.

So pflege ich in einem Gehege Dammwild, hier sind die Schäden durch Schälen der Rinde deutlich höher.

Sehr gerne beobachte ich die Mufflon in den angrenzenden Waldgebieten und bin immer wieder erstaunt, wie schnell aus von Menschen eingebürgerten Tieren richtige Wildtiere werden. In ihrer Scheu und Vorsicht übertreffen sie das Rehwild bei weitem.

In einem gebirgigen Waldkomplex mit vielen Steinhängen spricht nach meiner Überzeugung nichts gegen einen mengenmäßig angepassten Mufflonbestand. Ob Schäden an Gehölzen und in der Landwirtschaft auftreten, hängt mehr mit der Ungestörtheit des Wildes als mit seiner Anzahl zusammen. Hier haben fundierte Versuche wie bei Stuttgart eindeutige Ergebnisse erzielt und sprechen eine deutliche Sprache gegen abschusswütige Förster und Waldbesitzer. Abknallen ist aber deutlich einfacher wie ein wild freundliches Waldmanagement. Mit wirklichen Ruhezonen und einer verkürzten Jagdzeit ginge es allen Wildarten bei uns besser.

Lieber zeigen wir mit Entrüstung auf die Bevölkerung in Afrika, welche die Wildtiere und hier besonders die Elefanten als Bedrohung ihrer Ernten reguliert sehen wollen. Das ist wesentlich einfacher, als für unsere Wildtiere einzustehen.

Durch die erneute Einwanderung beziehungsweise Aussetzung von Wolf und Luchs ist die Zukunft des Mufflon in europäischen Wäldern ohnehin infrage gestellt. Bei hoher Schneelage habe ich in den letzten Jahren schon mehrere gerissene Widder gefunden. Ob sie von Wolf, Luchs oder Hund gerissen wurden, ließ sich nicht mehr feststellen. Wildschweine und Fuchs hatten schon zu viel gefressen und alle Spuren verwischt.

An Krankheiten wird dem Mufflon besonders die Moderhinke gefährlich. Diese Seuche wird in erster Linie durch Wanderschäfer, welche ihre Tiere nicht ordentlich behandeln lassen, in die Wildbahn eingeschleppt. Durch diese Erreger kommt es zu einem schnabelartigen Auswachsen der Hufe und die Mufflon können sich kaum noch fortbewegen. Bedingt durch diese Erkrankung war der Mufflonbestand bei Laubach (Hessen) bis auf wenige Tiere zusammengebrochen.

Das Damwild (dama dama)

Das Dammwild wurde genau wie das Muffelwild zur jagdlichen Bereicherung in Mitteleuropa ausgesetzt. Allerdings ist sein natürliches Vorkommen für die Zeit vor der Eiszeit hier durch Funde belegt. Durch die große Eiszeit wurde es nach Südosteuropa zurückgedrängt und später wieder angesiedelt. Wie auch beim Muffelwild fordern auch beim Damwild Förster und Jagdgegner seine Ausrottung in unseren Wäldern.

Da diese Wildart früher hier ein natürliches Vorkommen hatte, sind diese Forderungen besonders fragwürdig. Tiere zu töten um den Gewinn zu maximieren ist schon übel genug, aus ideologischen Gründen ihren Abschuss zu fordern ist lebensverachtend.

Hier möchte ich klarstellen, dass ich kein Jäger bin. Die Erhaltung dieser zwei Schalenwildarten befürworte ich als Tierfreund, der in unserer Natur genau beobachtet und unsere Wildtiere liebt.

Leider musste ich diese Tierliebe bei einer großen „Ökovereinigung" traurig vermissen. Ziel war es Angelgewässer, die zu ökologischen Gewässern umfunktioniert werden sollten, von den verhassten Angelfischen zu befreien. Daher wurde mitten im Sommer das Wasser abgelassen, der größte Teil der Fische erstickte jämmerlich. Von den unzähligen Krebsen, Muscheln und Insektenlarven, die ebenfalls ausnahmslos verreckten, ganz zu schweigen. Per LKW wurden zentnerweise die toten Fische abtransportiert. Tierliebe und ein verantwortliches Verhalten gegen über unseren Mitgeschöpfen war nicht im Ansatz zu beobachten.

Zurück zu unserem Damwild. Leider kommt es auch beim Damwild bei zu starkem Bestand zu Schäden im Wald. Bei allen unseren Schalenwildarten ist es daher unumgänglich, einen waldschädigenden Überbestand zu vermeiden. Der Abschuss darf sich aber nicht an der Gewinnmaximierung orientieren, sondern alleine an den Erfordernissen von Wald und Tieren.

Gerade Jagdgegner sehen das Anlegen von Wildäckern, welche die Tiere von den landwirtschaftlichen Flächen fernhalten sollen, kritisch. Den Jägern wird vorgeworfen, dadurch einen Überbestand heranzüchten zu wollen. Das ist böser Unsinn, die Jäger müssen für die Wildschäden aufkommen. Um diese in Schranken zu halten, sind Wildäcker und Ablenkungs-Fütterungen unverzichtbar.

Gerade Jagdgegner sind es, die eine uneingeschränkte Bewegungsfreiheit für alle Sporttreibende, Reiter und Radfahrer fordern. Damit offenbaren sie sich deutlich nicht nur als Jagdgegner, sondern auch als Gegner der Wildtiere.

Vor einigen Jahrzehnten wurde das Waldgesetz gelockert und seit dem sind die Wildschäden gestiegen. Wenn das Wild keine Ruhezonen mehr hat, steigen nachweislich die Schäden durch Verbiss und Schälen von Bäumen drastisch an.

Jeder Wiederkäuer braucht etwa alle vier Stunden Nahrung, um zu überleben. Werden die Tiere durch ständige Störungen an der Nahrungsaufnahme gehindert, müssen sie die nächst erreichbare Ersatznahrung aufnehmen. Und das ist dann die Rinde und junge Triebe der Bäume. In den letzten Jahrzehnten ist daher der Rothirsch aus dem größten Teil der einheimischen Wälder entfernt worden. Lässt sich ein Hirsch außerhalb der streng umrissenen Rotwildgebiete sehen, muss er ohne Erbarmen getötet werden.

Bei ständig steigenden Zahlen von im Wald Spaß oder Erholung Suchenden bleibt für unsere Wildtiere kein Platz zum Überleben mehr übrig.

Schon jetzt sind die Jäger aufgrund der geforderten hohen Abschusszahlen viel zu häufig im Wald, was sich ebenfalls negativ auf das Ruhebedürfnis der Tiere auswirkt. Wir schauen ständig mit Argusaugen auf die Tiere in Afrika und anderswo in der Welt und setzen uns für deren Schonung ein. Haben unsere Wildtiere kein Recht auf Leben ohne übermäßigen Stress? Machen in Afrika Großwildjäger aus Spaß Jagd auf die großen Wildtiere, ist die Empörung bei uns groß. Unsere Wildtiere aus Spaß durch den Wald zu scheuchen erscheint normal. Aber nicht nur das Wild ist durch unkontrollierten Freizeitverkehr gefährdet. Sensible Arten wie Schwarzstorch und Schnepfe werden von ihren Brutplätzen vertrieben und immer seltener. Das oft auch Wanderer von rücksichtslos durchbrechenden Radfahrern behindert oder auch gefährdet werden ist noch ein besonderes Thema. Diese ganze Diskussion ist doch durch das rücksichtslose Verhalten einzelner ausgelöst worden. Wer sich als Fußgänger oder Radfahrer verantwortungsbewusst verhält, wird kaum auf Kritik stoßen. Es sind immer die rücksichtslosen Egoisten, welche Gegenreaktionen provozieren. Der Wald ist als Wasserspeicher und Spender von Sauerstoff für uns alle über lebenswichtig. Ihn nur als Spiel- und Sportplatz zu benutzen, wird seiner überragenden Bedeutung nicht gerecht.

Zurück zu dem Damwild.

Vom Körperbau her liegt das Damwild zwischen dem Rothirsch und dem Reh. Im Gegensatz zum Rothirsch trägt der Damhirsch ein Schaufelgeweih, welches bei Jägern als Trophäe sehr beliebt ist. Der Brunftruf des Damhirsches ist bei weitem nicht so eindrucksvoll wie bei unserem Rothirsch, es ist eher ein Rülpsen. Die Brunft beginnt kurz nach der Rotwildbrunft Mitte bis Ende Oktober. Der Geweih Abwurf kommt ebenso nach dem des Rotwildes und liegt im April bis Mai.

In freier Wildbahn ist das Damwild genauso scheu wie das Rotwild, meine Versuche die Tiere zu fotografieren gestalteten sich bei beiden Arten als äußerst schwierig. Im Gegensatz zum Rotwild ist das Damwild eher ein Augentier, Ruhe- und Äsungsplatz sind meist so gewählt, dass die Umgebung gut zu überwachen ist.

Der Sikahirsch (Cervus nippon)

Der Sikahirsch wurde zur jagdlichen Bereicherung in vielen Teilen der Welt eingebürgert. Es stammt aus Ostasien und hat sich in seiner neuen Heimat sehr gut eingelebt.

Mit einer Schulterhöhe bis 100 Zentimetern und einer Länge von bis zu 145 Zentimetern sind sie ein gutes Stück kleiner als unsere Rothirsche. Ebenso wie beim Damwild ist das Fell mit weisen Flecken geschmückt, das Geweih bildet aber keine Schaufel aus.

Ich sehe keinen Grund, dem Sikahirsch bei uns ein Bleiberecht zu gewähren. Er hat hier niemals gelebt und steht in direkter Konkurrenz zu unserem Wild. Alleine die jagdliche Bereicherung ist keine Begründung für eine Duldung dieser Wiederkäuer Art.

Besser sollte man dem Rothirsch wieder mehr Raum lassen, dieser hat Hilfe und Unterstützung dringend nötig.

Der Waschbär *(Procyon Lotor)*

Dieser Kleinbär ist ein Vertreter der Ordnung der Raubtiere. Unverkennbares Merkmal ist seine Gesichtsmaske und die bucklige, gedrungene Gestalt. Er erreicht eine Größe von 70 bis gut 80 Zentimetern bei einem Gewicht von etwa 10 Kilogramm und liegt damit etwas unterhalb des Fuchses. Neben der Gesichtsmaske ist der quer geringelte Schwanz ein typisches Kennzeichen.

Der Geruchs- und Gehörsinn ist gut entwickelt und machen diesen Kleinbären zu einem effektiven Räuber. Ursprünglich stammt er aus Nordamerika und ich wäre froh, wenn er dort geblieben wäre. Dort besiedelt er mit Vorliebe Mischwälder in Wassernähe, da er hier das größte Nahrungsangebot findet. Bei uns in Deutschland geht es ihm allerdings so gut, dass er überall häufig zu finden ist. Noch ist er in der Dämmerung und nachts auf Raubzügen, bei fehlender Bejagung dürfte er bald rund um die Uhr aktiv sein. Mit dem Waschbären haben wir uns ein wirkliches Problem eingeschleppt. Habe ich die ersten Vertreter dieser Art noch mit Sympathie gesehen, hat sich meine Einstellung in der Zwischenzeit dramatisch gewandelt. Durch ihn sind wirklich ganze Ökosysteme und Tierarten in Gefahr.

Diese Bedrohung wird aus dubiosen Gründen ständig heruntergespielt. Offensichtlich sehen die Gegner seiner bedingungslosen Verfolgung die Schäden in vielen Ökosystemen nicht oder wollen sie nicht sehen. Besonders gravierend sind die Schäden in den Oberläufen der Flüsse. Als Erstes hat sich dieses Pelztier über die verbliebenen Reste der Edelkrebse hergemacht. Der Edelkrebs hatte schon vorher unter einem weiteren Eindringling, der später behandelt wird, zu leiden. Die Krebspest hatte die Bestände Deutschland weit zusammenbrechen lassen. Nur in wenigen Gewässern hatte sich noch ein guter Bestand gehalten. Dann hat der Waschbär sich immer weiter ausgebreitet und hat sich die letzten Krebse einverleibt. Schon in seiner amerikanischen Heimat ist er ein erfolgreicher Krebsjäger. Mit seinen überaus geschickten Greifpfoten hat er sich die Krebse aus den verstecktesten Höhlen geschnappt.

Heute leben die Edelkrebse fast nur noch in Angelgewässern, in die sie von umweltbewussten Anglern gesetzt wurden. Mittlerweile gibt es einige Krebszuchten, welche den Edelkrebs zu Besatz Zwecken züchten.

Aber nicht nur die Krebse hat dieser Räuber hart getroffen. Durch im Laufe der Jahre immer stärkere Grundwasser Entnahme, gibt es in trockenen Sommern häufig Niedrigwasser in den Bächen. Das Nutzen ganze Scharen von Waschbären für eine einfache Jagd auf Fische. Eine ganze Anzahl von Gewässern habe ich im Sommer aufgesucht und immer die gleichen Beobachtungen gemacht.

Zuerst werden die flacheren Bereiche der Gewässer leer gefressen, mit zunehmendem Sinken des Wasserstandes war der komplette Bach von allen Fischen bereinigt.

Was sind die Folgen dieser Fressorgien im Einzelnen?

Alle Tiere, die von Fischen leben, sind in ihrer Existenz bedroht. Besonders der Eisvogel ist auf die klaren Oberläufe der Flüsse als Jagdrevier angewiesen. Findet er hier keine Fische mehr, ist sein Bestand akut bedroht. In kalten Wintern, wenn die Gewässer zufrieren, bleiben ihm nur die schnell fließenden Flussoberläufe als Nahrungsquelle. Fisch frei nützen sie ihm aber gar nichts und er muss verhungern. Auch der Fischotter, der ohnehin im größten Teil Deutschlands ausgerottet ist, braucht die Fische der Bäche. Er kann sich nur wieder in seiner ehemaligen Heimat ausbreiten, wenn genügend Futter vorhanden ist.

Das sind nur zwei Beispiele von vielen, welche die Aussagen von so manchen „Ökologen" widerlegen, die Invasoren hätten keinen negativen Einfluss auf unser Ökosystem. Schreibtischtäter werden die bedrohten Tiere unserer Heimat nicht retten. Mit aus der Luft gegriffenen Behauptungen zu argumentieren, ist hier mehr als nur fahrlässig.

Damit ist es allerdings bei weitem noch nicht getan. Als erfolgreicher Nesträuber macht er unseren einheimischen Nesträubern erfolgreich Konkurrenz. Schon oft musste ich beobachten, dass er die kompletten Nistkästen zu Boden geworfen hatte, um besser an den Inhalt zu kommen. Einen zusätzlichen Vogeljäger haben wir gerade noch gebraucht. Schon seit mehreren Jahren gehen die Bestände der Vögel stark zurück. Mit der weiteren Verbreitung des Waschbären wird sich dieser Trend weiter verstärken. Selbst einem Vogel, dem die Einheimischen Nesträuber wenig anhaben konnten, wird der Waschbär zum Verhängnis. Der Schwarzstorch hatte sich gerade verlorenen Lebensraum zurückerobert und alle waren froh, diesen scheuen Vogel wieder beobachten zu können.

Aber schnell hatte der liebe Waschbär auch diese Nahrungsquelle aufgetan und plündert fleißig die Nester des Schwarzstorches.

Spreche ich jemanden einer bekannten Umweltschutzorganisation darauf an, kommt die Antwort, alles Übertreibung und mit Schutzvorrichtungen lässt sich der Waschbär abhalten. Lässt er aber nicht, ganz geschickt, kommt er von Nachbarbäumen an das Nest und frisst die Eier oder die jungen Schwarzstörche.

Selbst damit sind die immensen Schäden an den einheimischen Tieren noch nicht aufgezählt. Ganz in der Nähe beobachte ich seit Jahrzehnten zwei gute Vorkommen an Siebenschläfern und Haselmäusen. Selbst unter diesen Bilchen richtet der liebe Waschbär große Verwüstungen an. Die letzten fünf Jahre durfte ich in beiden Waldkomplexen einen Rückgang von über dreißig Prozent bei Siebenschläfern und Haselmäusen verzeichnen.

Sollte das alles den Freunden und Unterstützern dieser Neubürger nicht zu denken geben, ist denen wirklich nicht mehr zu helfen.

Über mehrere Jahrzehnte wurde versucht, die letzten Bestände der einheimischen Sumpfschildkröte zu erhalten. Durch Zuchtprojekte wurden diese Schildkröten vermehrt, um sie in geeigneten Gewässern wieder anzusiedeln. All dies war vermutlich nutzlos, der Waschbär frisst die Alttiere und die Gelege einfach auf. Hier wird der selbstlose Einsatz einer Vielzahl engagierter Artenschützer zunichtegemacht, die Beschützer der Waschbären setzen sich mit ihrer lebensverachtenden Ideologie durch. Grüne und NaBu sind gegen die Jagd, also soll der Waschbär bleiben.

Dazu kommen immense Schäden an Gebäuden durch Zerstörung der Wärmedämmung und große Verschmutzung.

Dass er als Allesfresser Streuobstwiesen und Gärten plündert, ist da kaum noch erstaunlich. Gerade werden große Summen und viel Idealismus in den Erhalt der Streuobstwiesen gesteckt, da wird alles schon wieder infrage gestellt. Wer soll sich ernsthaft die beträchtliche Arbeit mit der Obstbaumpflege machen, wenn der große Teil der Ernte für den Waschbären ist?

Nach all dem Lamentieren die große Frage können wir ihn wieder loswerden?

Die Antwort in allen Publikationen und von den Umweltverbänden lautet nein, stimmt das auch wirklich? Der NaBu in NRW sagte dazu.

„NABU-Position zur geänderten LJ-VO.

Der NABU lehnt die Einführung von Jagdzeiten für den Waschbären ab.

Diese Art wird weitgehend in tierschutzwidrigen Fallen gefangen, es besteht zudem kein konsumtives Nutzungsinteresse, und die in Jagdkreisen oft behaupteten „Schäden an Niederwild oder Jungvögeln konnten selbst in Bundesländern mit wesentlich höheren Beständen nicht schlüssig nachgewiesen werden. Zudem kann die Art durch Bejagung nicht zurückgedrängt oder aus der heimischen Natur entfernt werden".

Diese Position kann ich nur als Bankrotterklärung des Artenschutzes auffassen. Der Waschbär kann und muss sehr wohl mit Fallen bekämpft werden. Eine Lebendfang Falle, welche am Tag zweimal kontrolliert wird, ist nicht Tierschutz widrig. Würden diese Fallen flächendeckend im gesamten Verbreitungsgebiet eingesetzt, würden die schlimmsten Folgen gemildert. Konsequent durchgeführt könnte man diesen Eroberer vielleicht auch wieder loswerden. Das will der NaBu vermutlich gar nicht, man ist grundsätzlich gegen die Jagd, also will man von daher auch keine Hilfe.

In Großbritannien hat man bei der Bisamratte wirkungsvoll bewiesen, dass ein eingewanderter Schädling ausgerottet werden kann.

Erst sehr starke wirtschaftliche Schäden werden in Deutschland ein Umdenken bewirken. Der Schutz der einheimischen Tiere ist dem größten Teil der Bevölkerung vermutlich egal. Bis dahin ist es für viele Tiere unserer Natur schon zu spät.

Der Mink *(Neovison vison)*

Dieser Einwanderer ist dem größten Teil der Bevölkerung noch weitgehend unbekannt. Als amerikanische Nerzart war er als Pelztier sehr beliebt und wurde in Pelztierfarmen gehalten. Wie alle Marder hat er einen lang gestreckten Körper und als typischer Wassermarder ein Wasser abstoßendes Fell. Die Körperlänge erreicht bis zu knapp 70 Zentimeter, das Gewicht bis 2,5 Kilogramm. Wie die meisten Marder ist auch der Mink dämmerungs- und nachtaktiv.

Wie der Fischotter kann er hervorragend schwimmen und tauchen.

Übereifrige und kriminelle Pelztiergegner haben eine sehr große Menge an Minken bei Einbrüchen in die Pelztierfarmen frei gelassen.

Als Fleischfresser fallen ihnen Wasservögel, Krebse, Fische, Mäuse und Frösche zum Opfer. Gerade der Appetit auf Wasservögel und deren Eier hat ihn zu einem großen Problem für die einheimische Tierwelt werden lassen. Mittlerweile hat er große Schutzgebiete im Osten der Republik verweisen lassen. Ihm sind zum Teil hundert Prozent der Wasservögel zum Opfer gefallen.

Bei einer Reise durch diese Gebiete fällt einem sofort die absolute Stille auf. Kein Frosch quakt, kein Vogel ist zu hören. Alles hat diesem gefräßigen und effektiven Räuber als Nahrung gedient. Merkwürdigerweise wird dies von den großen Naturschutzorganisationen nicht wahrgenommen.

Oder es wird wahrgenommen und nicht öffentlich gemacht, da es nicht in die eigene ideologische Linie passt.

Wie der Waschbär ist auch der Mink nur mit Fallen zu bekämpfen, das passt nicht in die verquere Logik und wirklichkeitsfremden Ansichten von Radikalökologen und wird nicht akzeptiert.

Dabei ist es genau die Fallenjagd, die überall auf der Welt im Rahmen des Artenschutzes praktiziert wird. Nur dadurch lassen sich auf Galapagos, Aldabra, Neuseeland und vielen Orten auf unserem Planeten die Invasoren bekämpfen. Ohne diese Jagd müsste man den Kampf gegen das globale Artensterben schon jetzt als gescheitert erklären. Auf seinem Vormarsch hat der Mink noch ein weiteres Opfer gefunden, der europäische Nerz wird von seinem amerikanischen Verwandten verdrängt und an den Rand des Aussterbens gebracht. Der zugezogene Nerz ist wesentlich effektiver bei der Jagd, ob es durch Paarungen zur Vermischung kommt, ist noch umstritten.

Statt die Pelzmode aus ideologischen Gründen zu ächten, sollte man besser die Pelze von Waschbär und Mink zum Modeartikel machen. Nach dem Motto sieht gut aus und nützt der Natur und Tierwelt. Das werden jedoch mit Sicherheit Tierschützer und Naturschutzorganisationen nicht mittragen.

Durch diese Ignoranz bedingt, werden wir auch den Mink nicht mehr los werden. Lieber verabschieden sich einige „Naturschützer" von einer Reihe heimischer Arten, als die Hilfe von Jägern oder praktischer Tierschützer in Anspruch zu nehmen. Wenn ein selbsternannter Spezialist nun großspurig erklärt, Waschbär und Mink würden sich gegenseitig in Schach halten, wird es gänzlich lächerlich. Selbst, wenn es einige Opfer unter diesen Räubern geben sollte, an der Problematik ändert das überhaupt nichts.

Der Marderhund (Nyctereutes procyonoides)

Der Marderhund wurde wegen seines Pelzes im europäischen Teil Russlands angesiedelt. Ursprünglich lebte er nur in China, Japan und Sibirien, hat sich nun aber über weite Teile Europas verbreitet. In seiner Lebensweise ähnelt er sehr stark dem Waschbären, ist aber als Räuber nicht so effektiv wie dieser. Da er nicht auf Bäume klettert, fallen ihm weniger Vogelnester zum Opfer.

Als Allesfresser frisst er Obst, Würmer, Gelege von Bodenbrütern, Fische und Muscheln. Besonders durch seine erfolgreiche Jagd auf Muscheln wird er für unsere Ökosysteme eine Gefahr.

An einem Teich fand ich hunderte von Muschelschalen. Aufgrund der Fußspuren konnte ich zweifelsfrei den Marderhund als Urheber ausmachen. Dass er in den Bächen die Flussperlmuscheln und Bachmuscheln zur Gänze vernichten kann, macht ihn gefährlich. Am häufigsten sieht man den Marderhund als Opfer des Straßenverkehrs, bis der träge Geselle die Straße geräumt hat, ist er oft schon überfahren. Auf diesem Weg wird der Autoverkehr unfreiwillig zum Artenschützer.

Die einzige Möglichkeit der Bekämpfung ist auch hier die Fallenjagd, da der Marderhund sehr schwer aufzuspüren ist.

Die Nutria *(Myocastor coypus)*

Die Nutria wurde als Pelztier auf Farmen gehalten und bei deren Schließung wurden viele in die Freiheit entlassen. Im Aussehen gleicht sie einer überdimensionalen Bisamratte, mit der sie auch die Lebensgewohnheiten teilt. Als reiner Pflanzenfresser ist sie keine Gefahr für die heimische Tierwelt, verursacht aber einige Schäden an der Pflanzenvegetation der Gewässer. Durch ihre Baue besteht außerdem Gefahr für Dämme und Deiche. Sie erreicht eine Länge von 100 Zentimetern mit Schwanz und kann bis zu neun Kilogramm schwer werden. Im Gegensatz zu Biber und Bisamratte ist der Schwanz rund.

Ob wir diesen Neubürger so energisch bekämpfen müssen wie die zuvor genannten, ist umstritten. An Problemstellen wie Deichen und Teich Dämmen ist es sicher sinnvoll, die Population im Auge zu behalten.

Es ist nicht sinnvoll jeden Neubürger ausrotten zu wollen, alles entscheidend ist seine Auswirkung auf die Ökosysteme und die einheimischen Tierarten. Hier reagieren die großen Naturschutzorganisationen aber unberechenbar, Arten, welche große Auswirkungen auf die heimische Tierwelt haben, wollen sie schützen. Bei an sich harmlosen Arten ist das Gezeter groß.

 Das gilt auch für die folgende Nagerart.

Die Bisamratte *(Ondatra zibethicus)*

Die Bisamratte wurde als Pelztier in großen Teilen ihres jetzigen Verbreitungsgebietes bewusst eingebürgert und hat sich weit verbreitet.

In England hat sie eindrucksvoll belegt, dass sich Neozoen gänzlich ausrotten lassen. In Deutschland wurde sie viele Jahre stark bekämpft, mittlerweile hat sich ein gewisses Gleichgewicht eingestellt.

Die Größe mit Schwanz kann bis zu fünfzig Zentimeter betragen, das Gewicht liegt je nach Größe bei etwa ein- bis eineinhalb Kilogramm. Der Pelz ist sehr dicht und Wasser abstoßend, das hat sie als Pelztier sehr beliebt gemacht. Ihr wahres Element ist das Wasser, sie kann hervorragend schwimmen und tauchen. Dabei helfen ihr Borsten an den Zehen, diese ersetzen die Schwimmhäute, welche bei Nutria und Biber vorhanden sind. In meiner Jugend hatte ich eine Bisamratte, welche nur mit einem Fuß in einer Falle hing, gerettet und mit nach Hause genommen. Dieses Tier wurde erstaunlich schnell zahm, nahm das Futter aus der Hand und ließ sich gerne von mir und meiner Frau Elke streicheln.

Oft habe ich abends diese scheuen Tiere an einem Bach in der Nähe beobachtet. Es ist erstaunlich, diese perfekten Schwimmer beim Tauchen zu beobachten, nie konnte ich voraussagen, wo sie wieder zum Vorschein kommen würden.

Damals hatte ein Koch einige Personen zum Sumpfhasen Essen eingeladen. Keiner der Esser wusste, dass es sich um das Fleisch von Bisamratten handelte. Laut Zeitungsbericht hat es allen gut geschmeckt, der Bisam ist ja auch keine Ratte, wie der Name vermuten lässt, sondern eine Wühlmausart.

Kommen in einem Gebiet Hermelin und Iltis vor, wird der Bisam nie zur Plage. Diese Räuber halten ihn wirksam kurz und der Mensch braucht nicht einzugreifen. Leider sind diese beiden Raubtierarten sehr selten geworden, die Gründe sind noch nicht gänzlich bekannt.

Wenn keine Dämme oder Deiche in der Nähe sind, kann man den Bisam getrost als Bereicherung unserer Natur ansehen. Er macht keinem einheimischen Tier den Lebensraum streitig und sorgt durch seine Wühltätigkeit für einen natürlichen Verlauf der Gewässer. Immer wieder brechen die unterhöhlten Ufer ein und die Fließgewässer bekommen ihre natürliche Dynamik zurück.

So wird ausnahmsweise ein Neozoen zum nützlichen Tier für unsere Umwelt, es wäre schön, könnte man das von allen sagen.

Allerdings ist er stellenweise eine Gefahr für die Muscheln. Zwar nicht so effektiv wie Waschbär oder Marderhund, für gefährdete Bestände kann es aber das Aus bedeuten.

Die Wanderratte (Rattus norvegicus)

Die meisten Menschen werden erstaunt sein, die Wanderratte in der Aufzählung der Invasoren zu finden. Ursprünglich stammt dieses Nagetier aus Ostasien, hat sich aber im Laufe der Jahrhunderte über die ganze Welt ausgebreitet.

Diesen Erfolg hat sie ihren ganz außergewöhnlichen Sinnesleistungen, aber auch ihrer Intelligenz zu verdanken. Mit zäher Beharrlichkeit erreicht sie jeden Platz, der Nahrung oder Unterschlupf verspricht. Selbst unter den schwersten Umständen findet sie noch ihr Auskommen und überlebt im ewigen Eis ebenso wie in der Hitze der Wüste.

Ganz außergewöhnlich ist das Sozialleben der Wanderratte, was mitunter erstaunliche Verhaltensweisen hervorbringt. So sind die Tiere ungewohnter oder verdächtiger Nahrung gegenüber sehr misstrauisch. Es gibt bei diesen Tieren tatsächlich Vorkoster, die ungewohnte Kost als Erste fressen. Erst wenn diese Testesser nach vielen Stunden noch gesund sind, macht sich der Rest der Familie über diese Nahrung her.

Dies hat man sich bei der Bekämpfung der Ratten mit Gift zunutze gemacht. Es wurden spezielle, die Gerinnung hemmende Gifte entwickelt, die erst nach etlichen Stunden wirken.

Aufgrund der gewaltigen Fortpflanzungsleistung von bis über vierzig Nachkommen pro Weibchen ist ihre Ausbreitung wirklich erstaunlich. Besonders der Mensch hat es der Wanderratte leicht gemacht, die ganze Erde zu bevölkern. Durch Ackerbau, Vorratshaltung, Abfälle und bereitstellen von guten Wohnmöglichkeiten hat er der Wanderratte ungewollt zu ihrem Durchbruch verholfen.

Das hat sie ihm aber nicht sonderlich gedankt. Durch die durch den Rattenfloh übertragene Pest wurden früher Millionen von Menschen krank und starben. Selbst heute noch kommt es in manchen Teilen der Erde noch zu Pestepidemien, welche dutzende von Opfern fordern.

Doch nicht nur die Pest wird von der Wanderratte übertragen, Tollwut, Salmonellen, oder Trichinen haben wir ebenfalls oft der Wanderratte zu verdanken.

Durch Fressen oder Verschmutzen von Lebensmitteln erweisen sich diese Tiere ebenfalls als sehr schädlich und werden aus diesen Gründen gnadenlos verfolgt. In allen Städten sind hauptberufliche Kammerjäger im Einsatz, um der Rattenplage Herr zu werden. Dass das übermäßige Auftreten der Wanderratten in erster Linie ein hygienisches Problem ist, wird dabei leicht übersehen. Nur durch Mengen von Unrat und weggeworfenen Lebensmittel kommt es überhaupt erst zur Massenvermehrung bei den Ratten.

So haben die Ratten die menschliche Unvernunft zu büßen, besser sollte in den Städten auf hygienische Verhältnisse geachtet werden. Eigenartigerweise sind unsere radikalen Tierschützer beim Thema Ratte erstaunlich ruhig. Ganz gleich, ob „tierschutzwidrige Fallen" oder massiver Gifteinsatz, Lebewesen ist scheinbar nicht Lebewesen.

Das Frettchen (Mustela putorius furo)

Das Frettchen stammt vermutlich vom Steppeniltis ab und wird seit Jahrhunderten zur Kaninchenjagd gehalten. In neuerer Zeit wird es vermehrt als Haustier gehalten und gelangt über diesen Umweg in die freie Natur. Ob es frei lebende Populationen bildet, ist noch umstritten. Allerdings paart es sich mit dem Iltis und wird dadurch zu einer Gefahr für die ohnehin in Gefahr geratenen Iltis Populationen. Eine Bekämpfung ist nicht möglich, da man das Frettchen nicht so leicht vom Iltis unterscheiden kann.

Es sollten möglichst keine Frettchen ausgesetzt werden, das ist die einzige Abwehr.

Kinder sind schnell fasziniert von diesen hübschen Tieren und auch die Eltern wissen oft nicht, wie viel Aufwand mit der Pflege dieses Marders verbunden ist. Nach einiger Zeit wird das Tier den Kindern langweilig und die Arbeit bleibt an den Eltern hängen. Nur zu oft wird es dann der Einfachheit halber in die Natur entsorgt.

Sehr erfolgreich wird es auf Friedhöfen und städtischen Anlagen zur Kaninchenbekämpfung eingesetzt. Die Kaninchen fliehen vor diesem natürlichen Feind und rennen in Netze, welche vor dem Ausgang aufgestellt werden.

Die Hauskatzen *(Felis silvestris catus)*

Dieses Haustier behandele ich hier, da in der Natur eine Unzahl verwilderter Katzen herumstreunen. Diese haben einen wesentlichen Einfluss auf die einheimische Tierwelt.

Da sie aus Ägypten stammt, ist ihre Aufzählung unter den Neozoen auch folgerichtig.

Selbst wenn sie nur Mäuse jagen würden, wäre der Einfluss schon negativ genug. Immerhin leben sehr viele Wildtiere von Mäusen und ihr Vorkommen wird von der Verfügbarkeit von Mäusen gesteuert. Leider jagen sie nicht nur Mäuse, sondern alles was sie überwältigen können. Würde ich mir eine Eidechse fangen und in ein Terrarium stecken, würde ich zu Recht empfindlich bestraft. Eidechsen stehen unter Artenschutz und dürfen weder gefangen, getötet oder sonst wie behelligt werden. Von Katzen werden jährlich zehntausende Eidechsen getötet, aber nicht gefressen. Durch ihren starken Jagdtrieb fangen sie halt alles, auch ohne Notwendigkeit und Hunger. Dabei reicht ihre Beutepalette vom Zaunkönig bis zum Junghasen und Rehkitz.

Selbst vor der Kreuzotter macht dieses Haustier nicht halt, bei meinen Exkursionen im Bayrischen Wald durfte ich das leider Selbst beobachten. Im Gespräch mit Landwirten in diesen Kreuzotter Populationen wurde mir öfter bestätigt, dass deren Katzen gelegentlich Kreuzottern und andere Schlangen anschleppen.

Von Katzenfreunden wird in diesem Zusammenhang immer wieder auf die Wildkatze verwiesen. Diese sei ein einheimisches Tier und die Hauskatzen würden nur das Gleiche machen.

Dies ist totaler Unsinn. Die Wildkatze hat ein riesiges Revier, in der sie keine Konkurrenz duldet. Auf der gleichen Fläche leben jedoch eine Vielzahl Hauskatzen und der Jäger-Beutedruck wird unerträglich. In unserer Natur ist ihr Einfluss schon gravierend, in so manchen Teilen der Erde hat sie mittlerweile unzählige Tierarten ausgerottet. Leider ist das Verhältnis vieler Tierhalter zu ihren Haustieren so egoistisch, dass das Mitgefühl für die Wildtiere viel zu oft auf der Strecke bleibt. Opfer an Wildtieren werden von den Katzenhaltern gerne ignoriert, „meine Katze macht das nicht".

Laut einer Studie leben in Deutschland etwa sieben bis acht Millionen Hauskatzen, von denen jede im Durchschnitt etwa fünfundzwanzig Vögel pro Jahr tötet. Damit ergeben sich insgesamt gut 150 Millionen tote Vögel pro Jahr.

Leider ist die Macht der Futtermittelindustrie so groß, dass die Gesetzgebung den ungehemmten Freilauf der Katzen bestätigt. Selbst wenn durch diese in der Nachbarschaft Schäden an Pflanzen und Gebäuden entstehen. Wer ist schon begeistert darüber, wenn Nachbars Kater die Haustür übel riechend markiert oder den Sandkasten des

Nachwuchses mit ihren Hinterlassenschaften verfeinert. In einer Diskussion über die Schäden in der Vogelwelt durch die Hauskatzen sagte einer der Katzenfreunde, „Es ist doch gut, wenn meine Katze Vögel fängt. Die scheißen mir dann wenigstens nicht mehr aufs Auto".

Damit ist wohl alles zum Thema Hauskatze und manchen Halter gesagt.

Die Jäger haben ein recht kritisches Verhältnis zu den Hauskatzen, in einer Niederwildjagd fällt ihnen alles vom Rebhuhn bis zum Junghasen zu Opfer. Durch den Druck der Medien und Tierschutzorganisationen traut sich kaum noch ein Jäger, streunende Katzen abzuschießen. Auch wenn Grüne und Tierschützer das Gegenteil behaupten.

Grauhörnchen *(Sciurus carolinensis)*

Mit dem Grauhörnchen haben wir wieder einmal einen Invasoren, der gezielt von Menschen eingebürgert wurde. Es stammt ursprünglich aus Nordamerika und wurde 1889 in England ausgesetzt. Nach dem sie diese Insel besiedelt hatten, dauerte es nicht lange mit dem Sprung aufs Festland. In England hat es fast vollkommen das Eichhörnchen verdrängt, dem es an Größe und Aggressivität überlegen ist.

Die Versuche in England, das Grauhörnchen zu bekämpfen sind gescheitert, da unvernünftige Hörnchenfreunde jeden Versuch unterminieren. Die Tiere werden aus den Fallen befreit und auch gezielt überall ausgesetzt.

Nun setzen sie ihren Weg über Europa fort und werden auch hier die Eichhörnchen verdrängen. Wenn jemand Hörnchen liebt und dann gezielt ihren größten Feind ansiedelt, wird die Sache verrückt. Das Verhältnis der Menschen zur Natur und ihren Tieren wird offensichtlich immer dubioser.

Streifenhörnchen *(Tamias sibiricus)*

Dieses nette Tier ist wiederholt aus Privathaltung entkommen und hat sich in einigen Gebieten Europas schon fest etablieren können. So nett diese Tiere auf den Betrachter auch wirken, können sie doch einigen Schaden in unserer Umwelt anrichten.

Wie unser einheimisches Eichhörnchen plündert es auch Vogelnester. Dadurch übt es einen zusätzlichen Druck auf die Vogelbestände aus, den diese auf Dauer schwer verschmerzen können. Wohl kaum jemand wird diese Hörnchen aus diesem Grund töten, aber es zeigt deutlich, das keine Heimtiere in die Umwelt gelangen dürfen.

Damit will ich die Säugetiere abschließen, die Aufzählung ist zwar nicht komplett, die anderen Arten spielen aber noch keine so entscheidende Rolle.

Die Vögel

Der Halsbandsittich (Psittacula krameri)

Seit etwa 1967 werden Halsbandsittiche in einigen Städten Deutschlands beobachtet. Im Gegensatz zu anderen Sitticharten haben diese sich auch vermehrt und weiter Städte besiedelt.

Durch das milde Klima der Städte am Rhein fanden sie passende Lebensbedingungen und können hier gut leben.

Bei der Stadtbevölkerung ist die Meinung zu diesen Vögeln recht unterschiedlich, die einen schimpfen über sie wegen des Lärms und eventueller Schäden an Gebäuden. Andere freuen sich über diese bunten Neubürger und füttern sie oder hängen Nistkästen auf.

Da er noch ein reiner Stadtbewohner ist, stellt er für andere Höhlenbrüter nur eine unwesentliche Gefahr da. Eine Bekämpfung, wie von einigen gefordert, halte ich nicht für vertretbar. Nur wenn eine neue Art zur Bedrohung einheimischer Arten wird, ist ein Handeln geboten.

Die Nilgans (Alopochen aegyptiacus)

Dieser Vogel wird paradoxerweise in Deutschland als Bereicherung geschützt. Dass ein wirklich aggressiver Einwanderer auch noch besonderen Schutz erhält, offenbart das desolate Verhältnis zur Natur und ihren Tieren. Die Nilgans ist extrem territorial und duldet weder Enten noch andere Gänse in ihrer Umgebung. Dabei werden schwächere Arten skrupellos getötet. Selbst stark gefährdete Arten werden durch dieses Tier an den Rand des Aussterbens gebracht.

Da dieser Einwanderer mittlerweile in ganz Europa brütet, wird er einfach als europäische Vogelart eingestuft und erhält den gleichen Schutz. Nach dieser abstrusen Logik dürfte man keinen Einwanderer bekämpfen.

Die Nilgans bevölkerte ursprünglich fast den gesamten afrikanischen Kontinent. Da sie nicht auf natürlichem Weg nach Europa kam, sondern ab dem siebzehnten Jahrhundert als Parkvogel gehalten wurde, ist ihr Schutz als europäische Art besonders lächerlich.

Da ihr Gefieder im Vergleich zur Graugans recht bunt ist, erklärt sich ihre Beliebtheit als Parkvogel.

Natürlich ist es wieder der NaBu, der diesen Vogel geschützt haben will und alle Schäden bestreitet. Dabei sind mittlerweile viele Fälle belegt, wo die Nilgans andere Vögel getötet hat. Nicht nur durch direkte Bedrohung schädigt die Nilgans andere Wasservögel, sondern besonders durch das Vertreiben von den Brutgewässern.

In Frankfurt am Main gehen die Bürger mittlerweile auf die Barrikaden, da durch das sehr große Vorkommen an Nilgänsen die Parkanlagen total versaut sind. Überall dritt man in die Hinterlassenschaften dieses ausgesetzten Exoten. Folgerichtig sollten NaBU und andere Befürworter deren Hinterlassenschaften beseitigen.

Die Kanadagans (Branta canadensis)

Aus Kanada und dem Norden Amerikas ist diese Gans zu uns gekommen und überschwemmt unsere Natur genau wie die Nilgans. Und genau wie diese will der NaBu diesen Neozoen streng geschützt sehen. Da sie wie die Nilgans in direkter Konkurrenz zur einheimischen Graugans (Anser anser) steht, sollte sie alleine schon aus diesem Grund verfolgt werden. Von der Graugans lässt sie sich durch einen hellen Kehlfleck und einen weißen Streifen an der Seite des Kopfes unterscheiden.

Der Nandu *(Rhea americana)*

In Norddeutschland macht ein besonderer Neubürger von sich Reden, der Nandu aus Südamerika.

Er gehört zu den drei überlebenden großen Laufvögeln und kann Geschwindigkeiten bis zu sechzig Kilometer pro Stunde erreichen. Als reiner Pflanzenfresser spielt er in unserem Ökosystem keine bedeutende Rolle. Allerdings werfen ihm Kritiker vor, auch Kleintiere nicht zu verschmähen.

Erstaunlicherweise wollen manche diesen Neozoen ausgerottet oder zumindest strickt reglementiert sehen, obwohl ein bedeutender Schaden nicht nachgewiesen wurde.

Bei wirklich für die einheimischen Wildtiere schädlichen Neozoen wie Waschbär, Mink oder Hauskatze wäre solche Vorsicht nur wünschenswert. Aber die Naturschutzverbände sind meist ziemlich unlogisch in ihren Bemühungen. Die schlimmsten Feinde der Wildtiere genießen riesige Toleranz und sollen geschützt werden. Bei anderen Arten ist das Geschrei riesig und sie sollen möglichst stark verfolgt werden.

Ob sie wirklich eine Gefahr für die Blauflügeligen Ödlandschrecke darstellen, muss erst noch geklärt werden. Einheimische Vogelarten stellen sicherlich eine genauso große Gefahr für diese Hüpfer dar, hier wird ein Gefährdungspotential vorgeschoben. Wir werden die nächsten Jahre sehen, wie es mit den Nandus weitergeht.

Türkentaube *(Streptopelia decaocto)*

Die Türkentaube ist vermutlich selbstständig aus dem asiatischen Raum bei uns eingewandert und hat sich mittlerweile gewaltig vermehrt. Da sie mit dem Klima unserer Großstädte bestens zu Recht kommt, hat sie mehrere Bruten pro Jahr. Inwieweit sie die Einheimischen Wildtauben bedroht, ist nicht restlos geklärt.

Es liegt auf der Hand, dass die Türkentaube durch ihre starke Vermehrung den einheimischen Wildtauben die Nistplätze streitig macht. Für mich ist sie problematischer als der Nandu, aber wie so oft hat sie weniger Gegner wie dieser.

Legenden:

Kanadagans, Edelkrebs, Streifenringelnatter, Rotwagenschildkröten

Streifenringelnatter, Rotwagenschildkröten,Kanadagans, Spanische Wegschnecke

Der Flamingo *(Phoenicopteridae)*

Dieser Neozoen stellt durch seine geringe Reproduktionsrate keine Gefahr für irgendeine Wildtierart dar. Ursprünglich stammen sie von entwichenen Tierparkbewohnern ab, haben aber einige kleine Kolonien in Deutschland gebildet. Wir können sie getrost als Bereicherung ansehen und uns an dem eindrucksvollen Flugbild erfreuen.

Der Fasan *(Phasianus colchicus)*

Der Fasan ist in vielen Gegenden Deutschlands so alltäglich, dass ihn kaum jemand als Neozoen ansehen wird. Er stammt aus Asien und wurde angeblich schon von den Römern im Rheinland angesiedelt. Von diesem Zeitpunkt aus gesehen, dürfte man ihn eigentlich nicht als Neuozon einstufen (ab Columbus Entdeckung Amerikas). In der Zwischenzeit wurde er immer wieder als jagdliche Bereicherung ausgesetzt und hatte zwischenzeitlich große Gebiete Deutschlands besiedelt.

Seit der Unterschutzstellung aller Greifvögel und die Erholung der Fuchsbestände nach dem Ende der Baubegasung nehmen die Fasanen wieder stark ab und sind stellenweise ganz verschwunden. In unserer ausgeräumten Landschaft ist er dem Habicht schutzlos ausgeliefert. Er ist in etwa so groß wie ein Haushuhn und der Fasanenhahn ist im Gegensatz zur Henne sehr bunt gefärbt. Die Schwanzfedern beim Hahn sind sehr lang und machen ihn gemeinsam mit dem bunten Gefieder sehr attraktiv.

Um optimal gedeihen zu können braucht er eine stark strukturierte Landschaft mit Hecken und Feldern. Diese Strukturen fallen aber zunehmend der Intensivnutzung zugunsten des Ökosprits zum Opfer. Für die Gefiederpflege sind sonnige frei Flächen notwendig um sich nach Regengüssen zu trocknen und um Staubbäder zu nehmen.

Die Küken fressen die erste Zeit Insekten und deren Larven, später kommt dann immer mehr pflanzliche Nahrung dazu.

Dieser Hühnervogel lebt gesellig und der Hahn ist für mehrere Hennen zuständig. In einem Nest am Boden legt die Henne Anfang Juni bis zu zwölf olivbraune Eier, aus denen nach etwa fünfundzwanzig Tagen die Küken schlüpfen. Deren Sterblichkeit ist sehr hoch, von zehn Küken werden höchstens zwei bis drei erwachsen. Auch die Erwachsenen erreichen aufgrund des hohen Feinddruckes nur ein Alter von zwei bis drei Jahren (in Gefangenschaft bis zu zehn Jahren).

Die Mandarinente *(Aix galericulata)*

Diese bunte Ente wurde immer wieder gezielt ausgesetzt und hat sich vor allem in Parks etwas etabliert. Gerade das Männchen sieht mit seinem überaus bunten Gefieder wirklich bezaubernd aus. Mit einer Größe von etwa 45 cm ist es ein eher kleiner Entenvogel und gegenüber Raubtieren recht hilflos. In erster Linie durch Marder und Füchse wurden die meisten Einbürgerungsversuche schnell zunichtegemacht. Mittlerweile haben es jedoch eine ganze Anzahl Mandarinenten geschafft und man kann die Population in Deutschland und Europa als etabliert betrachten. Angeblich liegt die europäische Population über der ursprünglichen in China, Japan und Nordost Asien.

Für Enten sehr ungewöhnlich ist der Brutplatz, aus Furcht vor Boden lebenden Räubern nistet die Mandarinente in Baumhöhlen. Das wird durch Krallen an den Füßen erleichtert, welche sie zu Recht geschickten Kletterern macht.

Als Nahrung dienen ihr Würmer, Schnecken, Eicheln und Samen.

Die Reptilien

Unter den Neozoen spielen die Reptilien keine große Rolle, hier sind die Temperaturansprüche eine meist unüberwindliche Hürde. Allerdings sind gerade Schlangen aufgrund ihrer versteckten Lebensweise sehr schwer zu bestätigen.

In den Medien wird das meist etwas anders wahrgenommen, Berichte über ausgebrochenen Schlangen und ausgesetzte Krokodile werden in der Regel reißerisch aufgebaut. Dabei ist kein Krokodil oder keine Riesenschlange in der Lage, einen Winter in Deutschland zu überstehen. Selbst im Sommer sind diese Reptilien meist in einem dauernden Dämmerzustand, es wird für eine richtige Aktivität auf Dauer nicht warm genug.

Einige „Tierschutzorganisationen" spielen Fälle von entlaufenen oder ausgesetzten Reptilien reißerisch hoch, oft werden sie auch frei erfunden. Mit der Wahrheit nehmen es da einige nicht so genau, der vermeintliche Zweck heilig die Mittel. Das verhält sich ähnlich wie bei den Giftunfällen mit der Kreuzotter. Passiert wirklich mal einer dieser seltenen Fälle, wird der Verlauf dramatisch frei nach Fantasie geschildert.

Bei einer Nachfrage bei den behandelnden Ärzten ist die Wahrheit in der Regel keine Nachricht wert. In Florida sieht die Sache klimabedingt ganz anders aus, hier sind ausgesetzte Riesenschlangen und Warane zu einem wirklichen Problem geworden. Solche Probleme sind in Mitteleuropa nicht möglich, hier ist es trotz Klimaerwärmung auch in der Zukunft nicht möglich, dass sich Riesenschlangen oder große Giftschlangen länger im Freiland halten.

Ein typisches Beispiel war die Hornotterhysterie in der Schweiz. Das spielte sich in den sechziger Jahren ab und geisterte auch durch die deutschen Medien. Schlangenfreunde hatten in der Schweiz Hornottern (Vipera ammodytes) ausgesetzt.

Solches Verhalten ist bei einer Giftschlangenart doppelt problematisch, da bei einem Giftbiss derjenige die Verantwortung trägt, der die Tiere ausgesetzt hat.

Nach dem sich die Vipern vermehrt hatten, wurden die Ersten entdeckt und der schweizerische Tierschutzverein veranstaltete ein riesiges Geschrei.

Die deutschen Medien stürzten sich ebenfalls begierig auf dieses Thema. Plötzlich wurden auch in Deutschland überall vermeintliche Hornottern gesichtet.

Die Schweizer Schlangenfreunde wollten die Gefahr beseitigen und die Hornottern wieder einfangen.

Da stellte sich der Tierschutzverein plötzlich quer und wollte sie unter Schutz gestellt wissen. Man hatte seinen Skandal erreicht und das Thema interessierte plötzlich niemand mehr. So kam die Schweiz zu einer neuen Schlangenart. In Deutschland wurden interessanterweise nachher nie wieder Hornottern gesichtet.

Die Schlangen

Die *Streifenringelnatter* *(Natrix* *natrix* *persa)* *(Natrix natrix persa)*

Diese Verwandte der einheimischen Ringelnatter wurde von verantwortungslosen Terrarianern ausgesetzt und besiedelt mittlerweile einige Gewässer in Deutschland. Ursprünglich lebt sie in den Balkanländern von Istrien bis zum Kaspischen Meer.

Für den Menschen stellt diese harmlose Wassernatter keine Gefahr dar, problematischer ist sie für unsere einheimische Ringelnatter. Diese mittlerweile an vielen Gebieten Deutschlands seltene Schlange kann keine Konkurrenz gebrauchen.

Zum einen sind die Hauptfuttertiere, die Frösche, ebenfalls sehr selten geworden. Es besteht auch die große Gefahr von Kreuzung, was für viele Tierarten ein nicht zu unterschätzendes Risiko darstellt. Sollten sich die Streifenringelnattern mit unserer Ringelnatter (Natrix

natrix natrix) paaren, würden die Nachkommen die ursprüngliche Art durch Vermischung gefährden.

Bei Schlangen ist es aber aufgrund ihrer versteckten Lebensweise nahezu unmöglich, Neozoen wieder loszuwerden. Die Herpetologen werden die nächsten Jahrzehnte genau beobachten müssen, was passiert.

In diesem Zusammenhang möchte ich die Äskulapnatter und die Sumpfschildkröte erwähnen, die zwar keine Neozoen sind, jedoch über Jahrzehnte als solche angesehen wurden.

Die Theorie über die Römer als „Väter der Äskulapnatter"

Lange Zeit wurde vermutet, dass römische Legionäre die bei ihnen als heilig verehrte Schlangenart aus ihrer Heimat mit nach Mitteleuropa brachten. Aus diesen wenigen Tieren hätten sich dann die heute bekannten Populationen entwickelt. Man konnte sich nicht vorstellen, wie sich diese Schlangen selbstständig ausgebreitet haben sollen. Aufgrund von Funden wissen wir heute, dass diese Art über das komplette Mitteleuropa verbreitet war.

Wie sich diese Schlangen nach der letzten Eiszeit so weit nach Norden ausbreiten konnten, ist schon erstaunlich. Während der frühholozänen Erwärmung haben sich einige Tierarten aus dem Mittelmeerbereich über ganz Europa ausgebreitet. Bei der späteren Abkühlung sind viele dieser Arten wieder verschwunden oder auf klimatisch begünstigte Bereiche zurückgedrängt worden.

Daher auch die „Inselvorkommen" der Äskulapnatter, die sich aber schon erstaunlich lange halten.

Viele Ökologen vertreten die Ansicht, dass isoliert lebende Inselvorkommen auf Dauer nicht überlebensfähig sind. Das wird meiner Meinung nach von Arten wie der Äskulapnatter und der Sumpfschildkröte deutlich widerlegt. Immerhin haben diese seit Jahrtausenden die genetische Verarmung überlebt und zeigen keine Anzeichen von Degeneration.

Ganz ähnlich erging es der Sumpfschildkröte.

Über ähnlich lange Zeit bestand die Meinung, die Europäische Sumpfschildkröte wäre als beliebte Fastenspeise der Mönche in Mitteleuropa ausgesetzt worden. Da den Mönchen während der Fastenzeit nur Fisch als Fleischersatz erlaubt war, haben sie die Sumpfschildkröte aufgrund ihrer ans Wasser gebundenen Lebensweise kurzerhand zum Fisch erklärt. Genauso erging es auch dem Biber.

Um immer genug von diesem Nahrungsmittel verfügbar zu haben, hätten sie Tiere aus Italien importiert und in ihren Teichen gezüchtet. Mittlerweile weiß man es besser, die Sumpfschildkröte ist nach der Eiszeit von selber wieder hier eingewandert.

Bei einer Diskussion, die ich mit Naturschützern vor vielen Jahren führte, vertraten diese noch die Ansicht, dieses von Mönchen ausgesetzte Tier verdiente keinen Schutz.

Zum Glück hat sich bald die Wahrheit durchgesetzt und die Sumpfschildkröte wurde nicht so gnadenlos verfolgt wie ihre nordamerikanische Verwandte.

Allerdings haben gerade in der Schweiz einige Neunmalkluge diese unsinnige Diskussion wieder einmal zum Leben erweckt. Auch hier wird als Grund für das Vorkommen die Theorie mit den Mönchen und der Fastenspeise wieder aufgewärmt.

Die Braune Nachtbaumnatter *(Boiga irregularis)*

Die Braune Nachtbaumnatter ist das typische Beispiel, wie ein Invasor einen ganzen Lebensraum radikal verändern kann. Hier wird die Aussage so mancher blauäugiger Verteidiger der Invasoren als totaler Blödsinn entlarvt. Auf der Insel Guam hat sie die Aussage, Invasoren würden die Dynamik eines Ökosystems beleben, als undurchdachte und verantwortungslose Schreibtischtäterschaft entlarvt. Braune Nachtbaumnatter ist das typische Beispiel, wie ein Invasor einen ganzen Lebensraum radikal verändern kann. Hier wird die Aussage so mancher blauäugiger Verteidiger der Invasoren als totaler Blödsin

Normalerweise erreichen diese Schlangen eine Länge von bis zu 200 Zentimeter, auf Guam schaffen sie bis 300 Zentimeter. In ihrer neuen Heimat haben sie sich so gut eingelebt und die Dynamik des Ökosystems so bereichert, dass über die Hälfte der Vogelarten bereits ausgestorben sind.

Überdies sind viele Echsen, Frösche und Flughunde akut in ihrem Bestand bedroht. Durch den Wegfall von Bestäubern sind ebenfalls eine Menge Pflanzen durch diese Bereicherung des Ökosystems gefährdet. Bisher sind alle Versuche, die Braune Nachtbaumnatter in den Griff zu bekommen, gescheitert. Ursprünglich stammt diese Schlange aus Indonesien, wie genau sie auf die Insel Guam gekommen ist, lässt sich schwer sagen. Vermutet wird, dass sie im Gepäck von Amerikanischen Soldaten die Einreise geschafft hat.

Der von ihr verursachte Schaden ist jetzt schon gewaltig. Ob es in der Zukunft gelingen wird, sie halbwegs in den Griff zu bekommen, steht in den Sternen.

Die Kornnatter (Pantherophis guttatus)

Vor gut vierzig Jahren tauchte eine wunderschöne Schlange aus Nordamerika im Angebot der Zoohandlungen auf. Sehr schnell hatte auch ich mir ein Paar davon gekauft und erfreute mich an den herlichen Farben und dem friedlichen Wesen dieser Schlangen. In ihrer Heimat ist dieses Reptil recht beliebt, da es als guter Mäusejäger geschätzt ist. Die Kornnatter ist eine Kletternater und kommt spielend leicht bis in die Wipfel der Bäume. Mit einer Länge bis zu 180 cm ist sie nicht gerade winzig und wird auch mit Ratten als Beute fertig. Nach Möglichkeit sucht sie jedoch kleinere Beutetiere in der Größe von Mäusen.

Es hat sich schnell gezeigt, dass sie sehr leicht zu züchten ist und nach kurzer Zeit wurde sie in allen möglichen Farben und Zeichnungsmustern gezüchtet. Bald entwickelte sie sich zu etwas wie dem Guppy unter den Schlangen. So mancher Halter wurde jedoch von einer besonderen Fähigkeit dieser Kletternatter überrascht. Sie vermag durch den kleinsten Spalt zu schlüpfen und bald wurden die ersten in freier Natur gefunden. Da sie aus dem Norden Amerikas stammt, kann sie auch die Winter bei uns überleben.

Da sie absolut harmlos ist, stellen diese Ausbrecher keine Gefahr für Menschen dar. Unter den Mäusen dürfte sie jedoch eine Gefahr darstellen. Als eine Bereicherung für unsere Umwelt würde ich sie jedoch nicht ansehen, steht sie doch in direkter Konkurrenz zu der einheimischen Äskulapnatter.

Ist sie als Invasor anzusehen? In ihrer Heimat leben die Jungtiere ausschließlich von kleinen Anolis und anderen Echsen. Dieses Futter steht ihnen bei uns nicht, oder nicht in ausreichender Menge zur Verfügung.Ob die Gelege bei uns die notwendigen Temperaturen bekommen, ist ebenfalls fraglich. Solange keine Jungtiere in freier Wildbahn bekannt werden, kann man sie nicht als Invasor ansehen.

Legenden:

Kornnatter, Europäische Sumpfschildkröten

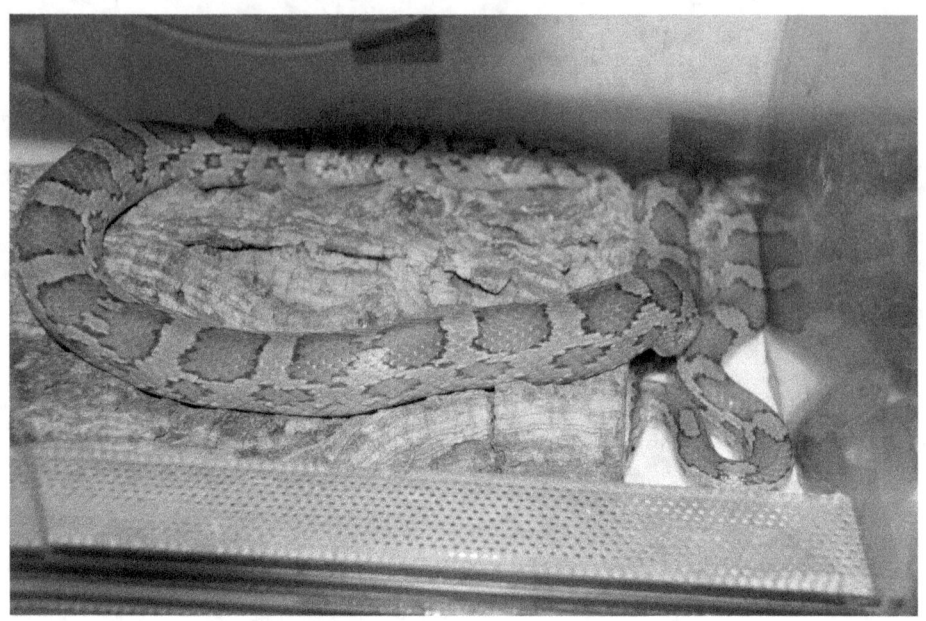

Die Schildkröten

Die Schnappschildkröte (Cehlydra serpentina)

Diese Schildkrötenart aus Amerika schafft es gelegentlich in die Nachrichten. Leider wurde sie des Öfteren von unverantwortlichen Haltern ausgesetzt und kann in unseren Gewässern überleben. Sie kann eine Länge von fast einem Meter erreichen und ein Gewicht von über 20 Kilogramm. Als ausgesprochen bissige Schildkröte kann ein Zusammentreffen mit ihr sehr schmerzhaft verlaufen.

Allerdings sind schwere Unfälle meines Wissens nicht bekannt, hier wird wie so oft die Möglichkeit mit der wirklichen Gefahr verwechselt.

Eine Zeitschrift titelte einmal, „Bissige Schnappschildkröte fällt Passanten an". Dieses Tier hatte lediglich in einen Stock, mit dem sie gereizt wurde, hineingebissen. Diese Tatsache ist nicht reißerisch genug, daher wurde daraus ein Angriff.

Das Aussetzen von solchen Tieren will ich hier nicht bagatellisieren, aber man sollte bei der Berichterstattung doch bitte bei der Wahrheit bleiben. Dass ein Unfall mit solch einer wehrhaften Schildkröte böse enden kann, ist klar. Unfälle mit frei laufenden Hunden kommen dauernd vor und sind selten eine Meldung wert.

Die Schnappschildkröte liegt normalerweise am Grund eines Gewässers und lauert auf Beute. Kommt ihr etwas vor die starken Kiefer, beißt sie kräftig zu. Dabei kann wirklich ein Finger oder eine Zehe in Gefahr geraten. Da wohl in den wenigsten Gewässern Deutschlands eine Schnappschildkröte lebt, ist die Gefahr eher theoretischer Natur.

Immerhin ist es noch zu keinem bemerkenswerten Unfall gekommen, die Gefahr in einem Gewässer zu ertrinken ist sicher tausendmal höher wie ein Unfall mit einer Schnappschildkröte.

In dem riesigen Verbreitungsgebiet der Schnappschildkröte in Amerika können die Leute gut mit diesem „Monster" leben. Kein Mensch regt sich da über diese angeblichen Killer auf.

Junge Schnappschildkröten sehen überaus reizend aus, und so mancher wurde dadurch zum unüberlegten Kauf animiert. Viel zu selten steht vor dem Kauf eines Tieres eine Lektüre von Fachliteratur, um sich über Lebensbedingungen und zu erwartenden Pflegearbeiten zu informieren. Macht das Tier dann mehr Arbeit wie erwartet, oder wird es zu groß, wird es leider oft genug einfach entsorgt.

Im Sommer 2013 schaffte es wieder einmal eine Schnappschildkröte in die Medien. In einem bayrischen Teich wurde angeblich ein Kind von einer Schnappschildkröte in den Fuß gebissen. Der anschließende Trubel war riesig und es wurde alles unternommen, dieses Killers habhaft zu werden. Als alle Versuche erfolglos blieben, wurde das Wasser des Teiches abgelassen. Wie zu erwarten, wurde auch dann keine Schnappschildkröte gefunden. Besser hätte man vermutlich die für den Unfall verantwortliche Glasscherbe gesucht. Das aber war nicht spektakulär genug und irgendwann ist die ganze reißerische Story vergessen.

Mittlerweile sind Handel und Haltung dieser Art in Deutschland verboten und die Funde in den Gewässern werden aufhören. Da die Schnappschildkröte aufgrund ihres Verbreitungsgebietes bei uns viele Jahre leben kann, stellt sich die Frage, ist sie ein Neozoen?

Das möchte ich deutlich verneinen, es ist noch keine Naturbrut in Deutschland bekannt geworden. Sie kann hier viele Jahre überleben, sich aber vermutlich nicht fortpflanzen. Noch ist es nicht warm genug bei uns, damit sich die Eier entwickeln könnten. Durch das Verbot der Haltung besteht auch kein weiterer Zuzug von neuen Exemplaren. Sie wird also einfach bei uns wieder aussterben.

Die Rotwangen- und Gelbwangenschildkröten (Trachemys scripta elegans) und (Trachemys scripta troostii)

Seit vielen Jahren bietet der Tierhandel Babys von Wasserschildkröten in Mengen an. Die erste Zeit hauptsächlich Rotwangen-Schmuckschildkröten. Diese kleinen Schildkrötchen faszinierten hauptsächlich Kinder, und die Eltern mussten sie dann kaufen. Über die Haltungsbedingungen und zu erwartende Größe hat sich natürlich fast niemand informiert. Der zumeist ebenso ahnungslose Verkäufer konnte auch keine Auskunft geben, falls er überhaupt gefragt wurde.

Sollten die Kleinen tatsächlich die falsche Haltung über Monate überlebt haben, wurden sie schnell größer und passten nicht mehr in den angeschafften Minibehälter. Der Händler wollte die nicht mehr so niedlichen Schildis auch nicht mehr zurücknehmen, und so wurden sie meist in den nächsten Teich gekippt.

Bald waren in fast allen Gewässern ausgesetzte Rotwagenschildkröten zu sehen und auf Druck von Tierschutzverbänden wurde der Import verboten. Dieses war keine dauerhafte Lösung, der findige Handel stellte sich auf Gelbwangenschildkröten und verwandte Arten um. So werden diese kleinen Schildkrötchen immer noch in Mengen importiert. Wie zu erwarten gelangten auch bei diesen Arten die meisten bald wieder in die Natur.

Inzwischen haben diesen Schildkröten Naturschutzorganisationen den Kampf angesagt und verfolgen sie erbarmungslos. Diese Leute, die angeblich Tiere und Natur so sehr lieben, schrecken vor keinem Mittel zurück, Schmuckschildkröten auszumerzen.

Ich habe sehr starke Zweifel, ob das gerechtfertigt ist. Hauptargument ist, diese Schildkröten würden die heimischen Sumpfschildkröten verdrängen. Das ist sehr weit hergeholt, wo nichts ist, kann man nichts verdrängen. Die Sumpfschildkröten leben nur noch an einigen Gewässern und sind hier hauptsächlich durch Wildschweine, Waschbären und Minke bedroht.

An diesen wenigen Gewässern die fremden Arten weg zu fangen wäre gerechtfertigt. An Gewässern, wo weit und breit keine Sumpfschildkröten leben, ist das nicht gerechtfertigt.

Da das sinnlose Töten von Wirbeltieren unter Strafe steht, ist der Kampf radikaler Naturschützer gegen diese Arten strafbar.

Diese Schmuckschildkröten können sich nur in Ausnahmefällen bei uns vermehren, einzelne erfolgreiche Nachtzuchten wurden enorm hochgespielt. Sehr oft werden diese Reptilien einfach abgeschossen, das ist einfacher als Fangen. Selbst die Eingefangenen haben es nicht besser, ich habe selber gesehen, wie sie massenhaft in zu kleinen Becken gehältert wurden. Dazwischen „schwammen" einige, die der Tod schon von ihren Qualen erlöst hatte.

Oft wird auch angeführt, die Schildkröten würden Krebse und andere bedrohte Tiere verfolgen. Dabei spielen sie in der Natur nur die Rolle, die die fast ausgestorbene Europäische Sumpfschildkröte gespielt hat. Hier will ich nicht das Aussetzen dieser Tiere bagatellisieren, aber sinnloser Tiermord bringt mich in Rage. Bei keinem anderen Neozoen wird so radikal vorgegangen, dabei sind viele andere Einwanderer wesentlich problematischer für unsere Natur.

Der wirklich Schuldige an der Misere mit den ausgesetzten Schnapp- und Schmuckschildkröten ist der Gesetzgeber. Durch unsinnige Haltungsverbote werden die Halter dieser Tiere praktisch gezwungen, die plötzlich illegal gewordenen Tiere loszuwerden. Sinnvolle Haltungsrichtlinien wären sicherlich sinnvoller gewesen, als ein fragwürdiges Haltungsverbot. Hier handelt der Gesetzgeber oftmals rein populistisch.

Ob noch andere Reptilienarten die nächste Zeit als Neozoen auftauchen bleibt abzuwarten. Leider hat sich die Szene der Reptilienhalter die letzten Jahre stark gewandelt. So mancher hält mittlerweile eine Schlange, weil es schick ist oder bei Freunden Eindruck macht. Damit steigt leider auch die Gefahr, dass lästig gewordene Haustiere in die Natur entsorgt werden.

Durch mangelnde Wärme für die Entwicklung der Eier, aber hauptsächlich durch fehlendes Futter für frisch geschlüpfte Jungschlangen, ist die Verbreitung dieser Ex-Haustiere in unserer Natur ziemlich unwahrscheinlich.

Die meisten als Haustier gehaltenen Schlangen brauchen als Nahrung die ersten Monate bestimmte Echsen oder Geckos. Bei der Zucht in menschlicher Pflege bekommen sie dann mit viel Aufwand Ersatznahrung in Form von Babymäusen oder Teilen davon.

In freier Natur wird ihnen kaum jemand Babymäuse zerkleinern, damit sie in den engen Schlund passen. Daher ist mit weiteren Neozoen aus diesem Bereich kaum zu rechnen.

Immer wieder wird in den Medien gewarnt, durch die Klimaerwärmung wäre mit einer Schwemme an zuwandernden Tierarten zu rechnen. Was hat es eigentlich mit dieser Klimaerwärmung auf sich?

Immer wieder Horrorszenarien

Es war das Jahr 1980, Meldungen über ein großes Waldsterben füllten die Schlagzeilen und Fernsehberichte. Innerhalb von zwanzig Jahren sei der größte Teil des deutschen Waldes abgestorben. Als Verursacher wurde einzig und alleine der Schadstoffausstoß ermittelt. Sofort wurden enorme Mengen Geld lockergemacht, um die Katastrophe abzuwenden. Schon in meinem vorletzten Buch „Die verlorene Vielfalt" hatte ich auf die Hauptursache, nämlich den sinkenden Grundwasserspiegel hingewiesen.

Nachdem das Waldsterben genügend ausgeschlachtet war, wurde eine neue Katastrophe gebraucht. Findige Wissenschaftler ließen nicht lange darauf warten und präsentierten uns ein sich ständig vergrößerndes Ozonloch. Würde nicht sofort gegengesteuert, wäre die starke Zunahme von Hautkrebs zu erwarten.

Und es wurde mit großem finanziellen Aufwand reagiert und die Taschen von Wirtschaft und Forschung reichlich gefüllt.

Und wo ist das große Ozonloch? Ohne großen Medienrummel hat es sich von alleine geschlossen. Behauptungen, nur das sofortige Handeln habe Schlimmeres verhindert, sind kompletter Unsinn. Reagiert haben lediglich ein paar Staaten in Europa.

Aber es gibt ja noch genug abzusahnen. Uns droht angeblich ein verheerender Klimawandel, zur Abwehr sind wiedereinmal enorme Summen notwendig.

Was hat es mit diesem Klimawandel auf sich? Im Laufe der Erdgeschichte gab es schon immer große Klimaschwankungen, von denen einige große Auswirkungen auf das Leben auf der Erde hatten. Im Mittelalter war es in Europa mindestens genauso warm wie jetzt. Dann folgte eine Zwischeneiszeit, die nun zu Ende geht. Also ist die weltweite Erwärmung zum überwiegenden Teil ganz normal.

Dem ungeachtet hat der Mensch aber doch einen zusätzlichen Einfluss auf das Klima der Erde. Die wirkliche Ursache ist das explosive Wachstum der Weltbevölkerung. Das hatte schon in den siebziger Jahren Professor Dr. Bernhard Grzimek festgestellt und wurde von den

Kirchen dafür wüst beschimpft. In der Folge dieser Überbevölkerung werden wir die Zerstörung der Regenwälder kaum verhindern können, was dieses für das Klima und den Sauerstoffhaushalt der Erde bedeutet, ist schwer auszumalen.

Diese Thematik wird aber kaum erörtert, zusätzliche Menschen bedeuten zusätzlichen Gewinn. Auf den wollen weder Wirtschaft noch Politik verzichten.

Was sollten wir daraus für die Zukunft lernen? Auf jeden Fall alle Horrormeldungen, egal von wem sie verbreitet werden, erst einmal kritisch sehen und die Hintergründe genau beleuchten. Wer weiß, wo wieder der große Reibach gemacht werden soll? Es ist äußerst schade, dass durch unseriöse Übertreibungen und reißerische Panikmache die Sensibilität für wirkliche Probleme schwindet.

Nach diesen eingeschobenen Erörterungen komme ich jetzt zu einer neuen Tierfamilie, welche die Erde noch länger besiedelt wie die Reptilien.

Die Amphibien

Auch unter dieser Tiergruppe gibt es nur wenige Immigranten, da fast alle Amphibien bei uns bedroht sind, ist jedoch eine sehr starke Kontrolle nötig. Wieder einmal war es Australien, wo mit Absicht ausgesetzte Arten zu gewaltigen Problemen führten.

Zur Schädlingsbekämpfung wurde die Aga Kröte in vielen Landesteilen ausgesetzt und hatte sich sehr gut vermehrt. Diese Kröte verfügt über ein potentes Hautgift, welches für Fressfeinde tödlich wirkt.

Eine Menge gefährdeter Tiere wie Warane und Schlangen sind seither durch den Verzehr dieser Kröten gestorben. Jedoch besteht die Gefahr nicht nur durch das Fressen dieser Kröten durch andere Tiere. Die Aga Kröte hat ein gewaltiges Maul, und darin verschwindet alles, was irgendwie passt.

Mittlerweile wird sie gnadenlos verfolgt, ob man sie dadurch wieder los wird, ist fraglich.

Der Ochsenfrosch *(Rana catesbeina)*

Der aus Nordamerika stammende Ochsenfrosch wurde des öfteren als Kaulquappe in Zoohandlungen zum Besatz für Gartenteiche angeboten. Auch für Speisezwecke wurden die erwachsenen Ochsenfrösche importiert. Seinen Namen hat er aufgrund seines gewaltigen Brüllens, welches ihn weithin hörbar macht. Dieser Frosch wird deutlich größer als unsere einheimischen Frösche und hat einen gewaltigen Appetit. Wo er sich ausbreitet, verdrängt er alle anderen Frösche. Selbst vor jungen Enten und Ringelnattern macht er nicht halt, was in das große Maul passt, wird gefressen. Die Weibchen dieser Frösche werden beachtliche zwanzig Zentimeter lang und können entsprechende Bissen vertilgen. Kleine Säugetiere, Vögel, Eidechsen und Schlangen, andere Frösche und auch Krebse verschwinden in ihrem gierigen Rachen.

Nach drei bis vier Jahren sind die Ochsenfrösche geschlechtsreif und produzieren bis zu 25.000 Eier pro Gelege.

Nur durch starke Verfolgung lässt sich diese neue Art zumindest halbwegs etwas eindämmen. Ob wir ihn wieder ganz loswerden können, steht in den Sternen.

Mit diesem Frosch haben wir uns ein ähnliches Problem aufgeladen, wie die Australier mit der Aga Kröte. Bleibt zu hoffen, dass die Vermehrung bei uns nicht so schnell geht wie bei der Aga Kröte in Australien.

Die Chinesische Rotbauchunke *(Bombina orientalis)*

Diese Unke stammt aus dem Südosten Sibiriens sowie Korea und Ostchina und wird bis etwa sechs Zentimeter lang. In ihrer natürlichen Färbung ist sie eine sehr schöne Unke mit leuchtend grünem Rücken und einer blutroten Bauchseite mit schwarzen Flecken. Noch gut kann ich mich an die ersten Halterberichte aus den achtziger Jahren erinnern. Alle an Froschlurchen interessierten Terrarianer wahren von dieser herrlichen Unke begeistert. Recht bald gab es die ersten Nachtzuchterfolge und das Tierchen verbreitete sich schnell in den Terrarien der Liebhaber.

Anders als die heimischen Rotbauchunken und Gelbbauchunken, lebt diese Art überwiegen in Fließgewässern, in denen sie auch ihren Leich absetzt.

Im Gegensatz zum Ochsenfrosch wurde bei der Chinesischen Rotbauchunke schnell eine bürokratische Hürde eingebaut, um eine Verbreitung in der Natur zu verhindern und die Bestände in den Herkunftsländern zu sichern.

Haltung und Zucht dieser Art sind meldepflichtig. Ob das gerechtfertigt ist, sei dahingestellt. Entgegen einiger Zeitungsmeldungen gibt es keinen Beleg für eine geglückte Etablierung dieser Unke in deutschen Gewässern. Der Nachweis davon dürfte jedoch auch schwierig werden. Mangels heimatlicher Nahrung werden bei uns die Jungen dieser Rotbauchunken nicht mehr rot, sondern bleiben gelb. Somit sind sie nur von Geübten von der einheimischen Gelbbauchunke zu unterscheiden.

Nur durch Futterzusätze bei der Aufzucht lässt sich die schöne Rotfärbung der Bauchseite erhalten.

Bis jetzt kann man davon ausgehen, dass diese Unke kein Neozoon ist.

Der Feuerbauchmolch *(Cynops orientalis)*

Wie die Chinesische Rotbauchunke geistert auch der Chinesische Feuerbauchmolch gelegentlich durch die Meldungen über Neozoen in Deutschland. Wenn man nichts Vernünftiges zu schreiben hat, sollte man es auch lassen. Meldungen über Feuerbauchmolche und Chinesische Rotbauchunken in unseren Gewässern werden von der Terraristik feindlich gegenüberstehenden Organisationen gezielt gestreut und entbehren jeder Grundlage.

Wir haben mit den tatsächlichen Neozoen genug Probleme, um uns mit erfundenen auseinanderzusetzen.

Damit dürften die Amphibien abgehandelt sein, als Problem hat sich dabei nur der Ochsenfrosch herausgestellt. Hoffen wir, dass es so bleibt.

Die Krebstiere

Der Camberkrebs (Orconectes limosus)

Unter den Neozoen hat eine Krebsart schon vor 1900 eine unrühmliche Rolle gespielt. Aus Nordamerika wurde der Camberkrebs in Deutschland ausgesetzt. Dieser Flusskrebs ist im Verhältnis zu unserem Edelkrebs (Astacus astacus) verhältnismäßig klein (etwa zehn Zentimeter). Auch die Scheren sind wesentlich schwächer als die des einheimischen Flusskrebses.

Die Färbung ist ein helles Braun und auf dem Schwanz befinden sich dunkelbraune Querbinden, die ein sicheres Unterscheidungsmerkmal zum Edelkrebs darstellen.

Die Unterseite der Scheren ist hellbraun bis Gelblich und in der Mitte des Scherenträgers befindet sich ein größerer Dorn. Die Geschlechter sind an ihrer Größe nicht zu unterscheiden, Männchen und Weibchen sind etwa gleich groß. Im Vergleich zum Flusskrebs hat er eine enorme Ausbreitungsfähigkeit und besiedelt in kurzer Zeit große Gebiete.

Bei der Paarung im Herbst wird das Weibchen auf den Rücken gedreht und das Männchen heftet eine Spermatophore an die Geschlechtsöffnung des Weibchens.

Im Frühjahr erfolgt die Eiablage, wobei die Eier durch die Spermatophore befruchtet werden. Durch permanente Bewegung werden die Eier mit Sauerstoff versorgt und nach einigen Wochen schlüpfen die jungen Krebse. Sie sehen ihren Eltern schon sehr ähnlich, sind aber bis zur ersten Häutung noch ganz weiß. Nach ein bis zwei Jahren sind die Jungen geschlechtsreif und tragen fleißig zur Verbreitung dieses eingeschleppten Krebses bei.

Mit ziemlicher Sicherheit wurde mit dem Camberkrebs die Krebspest in Europa eingeschleppt, an der in kürzester Zeit die Bestände des Edelkrebses zusammenbrachen.

Wo früher die Bevölkerung haufenweise Krebse zum Verzehr fangen konnte, war der Boden der Gewässer mit toten Edelkrebsen übersät. Durch die massenhafte Vermehrung des Camberkrebses konnten sich die Edelkrebsbestände seither nicht mehr erholen. Wo der Camberkrebs nicht hinkam wurden die letzten Überlebenden vom Waschbär vertilgt. Mittlerweile existieren einige Edelkrebszuchten, von welchen Angelvereine und Privatpersonen Edelkrebs Sömmerlinge kaufen können. Nur mit diesen Jungkrebsen lohnt sich ein Besatzversuch, da größere Krebse meist abwandern.

Voraussetzung für ein Gelingen von solchen Rettungsversuchen ist ein von Camberkrebses freies Gewässer und Verfolgung der Waschbären. Leider ist der Waschbär ein überaus erfolgreicher Krebsjäger und hat in sehr kurzer Zeit die meisten Fließgewässer von Edelkrebsen bereinigt. Vertreter des NaBu sagten mir dazu lapidar „da waren sowieso nur Camberkrebse drin".

So kann man sich die Problematik mit den Neozoen einfach machen.

Der Signalkrebs (Pacifastacus leniusculus)

Der Signalkrebs stammt aus Nordamerika und wurde als Ersatz für die erloschenen Bestände des Edelkrebses in eine Anzahl von Gewässern ausgesetzt. Im Gegensatz zum Camberkrebs ist er gegen die Krebspest nur teil resistent.

Die Krankheit kann bei ihm ausbrechen, sie muss es aber nicht. Daher kann er in Gewässern Fuß fassen, in denen der Edelkrebs von der Krankheit dahin gerafft wird. Da er mehr Nachkommen wie unsere einheimischen Krebse produziert, ist die Gefahr der Verdrängung für Edelkrebs, Dohlenkrebs und Steinkrebs besonders groß.

Von der Größe unterscheidet er sich nicht wesentlich vom Edelkrebs, beide werden über fünfzehn Zentimeter lang und über zweihundert Gramm schwer.

Am deutlichsten unterscheidet er sich durch die Namesgebenden weisblauen Flecken an den Scherengelenken.

Da er den Edelkrebs verdrängt, muss er zu dessen Schutz verfolgt und wenn möglich ausgerottet werden.

Die wirkungsvollste Maßnahme dabei ist der Besatz mit Raubfischen und besonders Aalen.

Der Rote Amerikanischer Sumpfkrebs (Procambarus clarkii)

Der rote Amerikanische Sumpfkrebs ist ebenfalls ein gefährlicher Verbreiter der Krebspest. Sehr häufig wird er in Zoohandlungen zum Besatz von Aquarien und Gartenteichen angeboten. Gerade in Gartenteichen sollte man ihn nicht einsetzen, da er gerne längere Wanderungen über Land vornimmt. Dabei kommt er in andere Gewässer und verbreitet die Krebspest.

Nach meinen Beobachtungen übersteht er die Winter bei uns selten, aber bis dahin hat er schon alles infiziert.

Durch seine kontrastreich schwarzrote Körperfarbe ist er gut von anderen Krebsen zu unterscheiden. Auf den Scheren hat er auffällige rote Dornen, die ihn recht attraktiv machen. Häufig wird in den Zoohandlungen noch eine blaue Variante unter dem Namen, blauer Hummer, verkauft. Es handelt sich dabei aber um den gleichen Krebs. In Südeuropa hat sich der Amerikanische Sumpfkrebs stellenweise gewaltig vermehrt und wird hier besonders durch das unterhöhlen von Dämmen lästig.

In großer Zahl kommt diese Art jährlich als Speisekrebs in den Handel. So mancher davon, der gerade nicht gebraucht wird, wandert zur Entsorgung in das nächste Gewässer. Daher ist der Nachschub in die Natur kaum zu bremsen.

Der Kalikokrebs *(Orconectes immunis)*

Diese Krebsart stammt ebenfalls aus Nordamerika und ist leicht mit dem Camberkrebs zu verwechseln. Jedoch hat der Camberkrebs braune Querstreifen auf dem Hinterleib und der Kalikokrebs hat ein rauten förmiges Muster auf dem Hinterleib.

Wie diese Krebsart nach Deutschland kam, ist nicht zu klären, als Aquarienbewohner wurde sie nie gehandelt. Es gibt Vermutungen, dass Soldaten diese Krebse in Aquarien hielten und später aussetzten.

Dazu habe ich ein Beispiel mit einer anderen Tierart, welches ich selber erlebt und in meinem Buch „Die verlorene Vielfalt" schon geschildert habe.

„Eine überraschende Kreuzotter"

In einem „Naturschutzgebiet" bei Gießen, das aber eher ein Naherholungsgebiet ist, habe ich einige Schlingnattern und Ringelnattern sehen können. Bei einer dieser Beobachtungstouren sah ich unter einem Grasbüschel eine Schlange liegen, die ich im ersten Moment für eine Ringelnatter hielt. Bei genauerem Hinsehen entpuppte sie sich jedoch als schwarze Kreuzotter. Dieser Fund hat mich gewaltig erstaunt, waren doch im Bereich um Gießen noch nie Kreuzottern nachgewiesen worden.

Daraufhin habe ich bei allen mir bekannten Reptilien kundigen in der Umgebung nach der Herkunft dieser Schlange recherchiert und kam zu einem verblüffenden Ergebnis.

Ein in Gießen stationierter Amerikaner war bei einem Manöver im Sennelager bei Paderborn gewesen und hatte einige Kreuzottern mit nach Gießen gebracht. Kurze Zeit später wurde er in den Krieg nach Vietnam geschickt und hat seine Kreuzottern in diesem Gebiet bei Gießen ausgesetzt. Es wäre interessant zu wissen, ob heute noch einige existieren und sie sich vielleicht sogar fortgepflanzt haben."

Zurück zu unserem Krebs

Der Kalikokrebs ist erstaunlich anpassungsfähig und kommt auch mit schlechter Wasserqualität gut zurecht. Im Rhein besiedelt er hauptsächlich die lehmigen Bereiche, während der Camberkrebs in erster Linie in den Steinschüttungen zu finden ist.

Durch seine Anpassungsfähigkeit, auch bei schlechten Wasserbedingungen, ist eine weitere Ausbreitung dieser Krebse zu befürchten. Da auch diese Art ein Überträger der Krebspest ist, würde das eine weitere Gefahr für unsere einheimischen Krebse bedeuten.

Es ist vermutlich aussichtslos, diese ganzen neuen Krebsarten wieder loszuwerden.

Der Marmorkrebs *(Procambarus fallax)*

Der Marmorkrebs stellt unter den Krebsen eine einzigartige Art dar, er vermehrt sich parthenogenetisch (ungeschlechtlich). Ansonsten gilt auch für ihn, dass er ein Überträger der Krebspest ist und dadurch eine immense Gefahr für unsere einheimischen Krebse darstellt.

Der Galizische Sumpfkrebs *(Astacus leptodactylus)*

Dieser Krebs wurde bewusst bei uns ausgesetzt und verbreitet sich recht langsam über die deutschen Gewässer. Ursprünglich dachte man, er wäre immun gegen die Krebspest. Das hat sich leider nicht bewahrheitet. Ursprünglich stammt er aus dem Gebiet des Kaspischen Meeres und wurde bei uns als Ersatz für den fast ausgestorbenen Edelkrebs ausgesetzt. Er kommt mit deutlich schlechteren Wasserbedingungen zurecht wie der Edelkrebs und kann sich daher besser als dieser durchsetzen.

Er wird bis zu 25 Zentimeter lang, hat im Gegensatz zum Edelkrebs keine rote Scherenunterseite und auch keine Einbuchtungen an seinen langen Scheren.

Die Wollhandkrabbe (Eriocheir sinensis)

Die Chinesische Wollhandkrabbe hat sich in einem halben Jahrhundert erfolgreich in Europa etabliert. Im Ballastwasser von Schiffen schaffte sie den Sprung von China bis in die Elbe. Hier wurden die ersten Exemplare gesichtet, die sich in kürzester Zeit rasant vermehrten.

Schon nach wenigen Jahren sah man gewaltige Invasionen dieser Krabben die Flüsse hinauf wandern auf der Suche nach neuen Lebensräumen.

Charakteristisches Merkmal ist der dichte Haarpelz auf der Schere und den Beinen. Sie ist olivgrün gefärbt und hat am Rückenschild deutliche Sägezähne. Da der Rücken fast quadratisch ist, hat sie auch den Beinamen Viereckkrabbe.

Sie lebt im Süßwasser, muss zum Absetzen der Nachkommen aber zurück zum Brackwasser wandern. Da sie sehr weit wandern kann, stellt das aber kaum ein Hindernis bei der Besiedlung neuer Lebensräume dar.

Für Fischer war dieser Neozoen am Anfang ein sehr lästiger Neubürger. Netze wurden zerfetzt und die Fische aus den Reusen gefressen.

Außerdem macht sie sich durch Unterminieren von Ufern und Dämmen recht unbeliebt.

Mittlerweile hat sich die Einstellung zu dieser Krabbe etwas gewandelt. Jetzt ist sie zum beliebten Fangobjekt der Fischer geworden und sorgt bei diesen für gute Gewinne.

Als Allesfresser kann man ihr keine großen ökologischen Schäden nachsagen, sie frisst gleichermaßen Wasserpflanzen wie Kleintiere und Aas. Wir können diesen Neubürger nicht mehr los werden, es besteht auch keine dringende Notwendigkeit.

Die Zuiderzeekrabbe *(Rhithropanopeus harrisii)*

Diese kleine Krabbenart stammt von der nordamerikanischen Ostküste und wurde etwa 1870 im Niederländischen Zuiderzee entdeckt. Mit einem Panzerdurchmesser von gerade einmal 2,5 Zentimetern ist sie erst aufgefallen, als Fischer sie in ihren Netzen fanden.

Wie viele Krebstiere hat auch diese Art ihre Reise vermutlich im Ballastwasser von Schiffen angetreten.

Dieser Neubürger hat bisher noch keine schlechten Manieren gezeigt, wenn das so bleibt, können wir diese winzige Krabbenart als Bereicherung unserer Gewässer ansehen.

Die Blaukrabbe *(Callinectes sapidus)*

Im Gegensatz zur vorigen Art ist die Blaukrabbe wirklich riesig. Sie wird über zehn Zentimeter breit und fast ein Kilo schwer. Der Rückenpanzer kann eine bläulich-grüne Farbe aufweisen und hat zusammen mit den bläulichen Beinen den Tieren ihren Namen gegeben. Ursprünglich stammt sie von der Ostküste Amerikas und ist wohl mit Ballastwasser hierher gekommen.

Als kräftiger Räuber wird sie anderen Krabben und Muscheln gefährlich.

Die Süßwassergarnele *(Atyaehyra desmaresti)*

Diese Garnele stammt aus dem Mittelmeerraum und ist seit den dreißiger Jahren auch in deutschen Gewässern anzutreffen. Wie bei Garnelen üblich, reicht das Rostrum weit über die Augen und der Körper ist wie bei den meisten Garnelen durchsichtig. Lediglich die Weibchen sind gelegentlich etwas intensiver gefärbt und manchmal bläulich oder bräunlich. Die durchschnittliche Länge beträgt 2 bis drei Zentimeter.

Vermutlich wurde auch dieses Krebstier durch das Ballastwasser von Schiffen nach Deutschland eingeführt. Im Main kann man mittlerweile an manchen Stellen, bevorzugt mit starker Strömung, tausende davon antreffen.

Außer als Fischfutter hat sie vermutlich keine Bedeutung auf die heimischen Natursysteme. Auch diese Art können wir getrost als Bereicherung ansehen.

Der Große Höckerflohkrebs *(Dikerogammarus villosus)*

Über den Main-Donau-Kanal wanderte dieser Flohkrebs unauffällig in fast alle unsere Gewässer. Ursprünglich stammt er aus dem Schwarzmeerraum und hat sich hierzulande gewaltig vermehrt.

Mit drei Zentimetern ist er ein effektiver Räuber, der andere Flohkrebse und die Brut der Fische vertilgt. Dadurch hat er einen bedeutenden negativen Einfluss auf die Artenvielfalt der Gewässer.

Durch seine sehr hohe Bestandsdichte von über hundert Tieren pro Quadratmeter entgeht ihm kaum etwas.

Eine Bekämpfung erscheint aussichtslos und unsere Natur muss wohl oder übel mit diesem Neubürger leben.

Der Süßwasser-Röhrenkrebs *(Chelicorophium curvispinum)*

Ähnlich der vorgenannten Art, kann auch der Süßwasser-Röhrenkrebs sehr dichte Bestände bilden und andere Arten verdrängen. Ursprünglich stammt er aus dem Schwarzen Meer und hat sich bei uns zu einem gewaltigen Schädling entwickelt. Wie sein Name schon sagt, lebt er häufig in Röhren. Diese werden nicht gegraben, sondern aus Partikeln, welche er aus dem Wasser filtert und verklebt. Durch diese dicht an dicht sitzenden Röhren werden andere Grundbewohner verdrängt und verschwinden teilweise aus den befallenen Gewässern. Zum Glück wird er vom Großen Höckerflohkrebs verzehrt und auf diese Weise etwas zurückgedrängt.

Die Fische

Unter den Fischen gibt es eine Menge an Invasoren, welche zum großen Teil vom Menschen ausgesetzt wurden. Einige Arten wanderten über Schiffsfahrt Kanäle ein und manche kamen als blinde Passagiere mit Besatz Fischen. Sei es als Speisefisch, Zierfisch, Angelbesatz oder Aquarienfisch. Manche Arten wie der Karpfen sind allerdings schon so lange bei uns heimisch, dass wir sie kaum noch als Neozoen ansehen können.

Möglicherweise lebte der Karpfen klimabedingt früher schon bei uns und wurde durch die Eiszeit wieder zurückgedrängt.

Es dürfte unmöglich sein, auch nur einige dieser Einwanderer wieder loszuwerden. Unsere Natur wird sich wohl oder übel mit fast allen abfinden müssen.

In Amerika haben die Silberkarpfen traurige Berühmtheit als invasive Art erlangt. In sehr vielen Gewässern haben sie sich explosionsartig vermehrt und stellen ganze Ökosysteme auf den Kopf. Gerade werden riesige Anstrengungen unternommen, damit diese Invasoren nicht die großen Seen erreichen und hier das ganze Ökosystem zerstören.

Hier können alle blauäugigen Sympathisanten der Invasoren beobachten, welche gewaltigen Auswirkungen zugewanderten Arten haben können.

Die Regenbogenforelle (Oncorhynchus mykiss)

Dieser Fisch wurde gegen 1880 in Deutschland aus Amerika eingeführt und existiert als Mischung verschiedenster Unterarten in unseren Gewässern. Als wichtiger Speise- und Zuchtfisch wurde für verschiedene Zwecke alles Mögliche zusammen gekreuzt.

Ihren Namen haben sie durch ein regenbogenartiges Längsband erhalten, welches bei einigen Zuchtformen auch vollständig fehlen kann.

In erster Linie wird diese Forelle in stehenden Gewässern ausgesetzt, mit dem Ziel, sie in kurzer Zeit wieder mit der Angel zu fangen. Diese Praxis ist äußerst fragwürdig, ein richtiger Angler wird auf so einen Fang nicht stolz sein. Die Fortpflanzung ist in diesen Gewässern oft nicht möglich, und so muss immer wieder neu besetzt werden. In Fließgewässer darf diese Fischart nicht ausgesetzt werden, da sie in direkter Konkurrenz zur einheimischen Bachforelle steht. Außerdem hat sie je nach Zuchtstamm einen ausgeprägten Wandertrieb und verschwindet schnell aus dem Besatzgewässer.

Dadurch haben sich in der Ostsee selbst reproduzierende Bestände entwickelt, welche zum Leichen in Fließgewässer aufsteigen.

Sehr viele der Regenbogenforellen aus Fischzuchten sind kaum noch in der Lage sich selber zu ernähren und müssen, bevor sie verhungern, gefangen werden. Diese Fische leben hauptsächlich in Forellenteichen, in denen sie mit speziellem Futter ernährt werden. Es gib in letzter Zeit immer mehr Belege von reproduzierenden Regenbogenforellen, da diese Fische höheren Temperaturen gegenüber deutlich toleranter sind wie unsere Bachforelle, könnten sie in der Zukunft noch eine bedeutende Rolle spielen. Man sollte sie daher nicht generell verteufeln, lieber vorsichtig beobachten.

Der Sonnenbarsch *(Lepomis gibbosus)*

Auch dieser Fisch wurde wie die Regenforelle gegen 1880 aus Amerika importiert. Ursprünglich für Aquarien und Gartenteiche gedacht, hat er es auch in verschiedenste andere Gewässer geschafft.

Auffälliges Merkmal dieses Barsches ist der fast scheibenförmige Körper und rotbraune oder blau schimmernde Flecken an den Seiten.

In seiner eigentlichen Heimat wird er bis zu 4000 Gramm schwer, in Deutschland ist er dagegen ausgesprochen kleinwüchsig und erreicht meist nur etwa fünfzehn Zentimeter Länge.

Als Neozoon spielt er bis jetzt keine große Rolle, er sollte aber nicht mehr in natürliche Gewässer ausgesetzt werden. In dieser steht er in Konkurrenz zu einheimischen Fischarten, und die haben es oft so schon schwer genug.

Der Forellenbarsch *(Microterus salmoides)*

Dieser Fisch gehört ebenfalls zu den Sonnenbarschen und stammt auch aus Nordamerika. Im Gegensatz zum gemeinen Sonnenbarsch, ist er eher lang streckt, und wird auch deutlich großer.

Der meist olivgrüne Rücken weist eine Reihe von dunklen Flecken auf, die Rückenflossen Stacheln erinnern etwas an den Zander.

Auch wenn er als Angelfisch einen gewissen Reiz ausübt, sollte er nicht mehr ausgesetzt werden.

Es gibt genug interessante einheimische Fischarten, und die imposanten Maße und Gewichte bis zehn Kilogramm wie in seiner Heimat erreicht er bei uns ohnehin nicht.

Im Süden Europas gibt es allerdings Gewässer mit beachtlichen Forellenbarschen, hier kann man sie durchaus als Bereicherung ansehen.

Der Katzenwels *(Ameiurus nebulosus)*

Ebenfalls aus Nordamerika kommt dieser Zwergwels, der wie die zuvor genannten Arten ebenfalls deutlich hinter der Größe in der Neuen Welt zurückbleibt. In seiner Heimat hat er ein riesiges Verbreitungsgebiet, welches von Kanada bis zum Golf von Mexiko erstreckt. Ab etwa 1880 wurde er in Europa ausgesetzt, da er in seiner Heimat ein beliebter Speisefisch darstellt.

Das war allerdings ziemlich enttäuschend, bei uns bleibt er bedeutend kleiner wie in seiner Heimat.

Der große Kopf weist ihn als großen Räuber aus, der besonders Jungfischen und Krebsen gefährlich wird. An ihm fallen besonders die acht Barteln, zwei längere an der Oberlippe, zwei hinter der Nasenöffnung und vier an der Unterlippe und der lang gestreckte Körper auf. Er kommt auch in nicht so sauberen Gewässern zurecht, zeitweise kann er sogar im Schlamm überdauern.

Nimmt man ihn unvorsichtig in die Hand, macht man schnell mit den Stacheln der Brustflosse Bekanntschaft. Durch diese ist er gut gegen Raubfische geschützt und kann sich unbeschwert vermehren.

Von unserem einheimischen Wels unterscheidet er sich noch durch eine Fettflosse hinter der Rückenflosse.

Vor einigen Jahren hatte ich ein paar dieser Fische in einem Gartenteich und wurde dadurch Zeuge der starken Vermehrung. Eines Abends ging ich mit einer Taschenlampe an den Teich und sah zu meinem Erstaunen einen dichten Schwarm Lebewesen, der in einer Länge von vier Metern durch den Teich zog. Bei genauem Hinsehen entpuppte sich das Ganze als ein Schwarm junger Katzenwelse, die leicht durch die Kaulquappenform zu erkennen waren. Er leicht bei Temperaturen um die zwanzig Grad und legt dabei bis zu 4000 Eier in einer Nestmulde ab. Der Leich wird von den Elterntieren bewacht und hat dadurch gute Chancen, nicht von anderen Räubern gefressen zu werden.

Als Nahrung dient ihm alles in passender Größe, von kleinem Bodengetier bis zu Fröschen, Fischen und deren Leich.

Wir werden auch diesen Fisch nicht mehr loswerden können, dass Aussetzen darf aber nicht mehr fortgesetzt werden.

Der Goldfisch *(Carassius auratus auratus)*

Der wohl älteste Zuchtfisch für Becken und Aquarien ist der Goldfisch, der in China schon vor etwa tausend Jahren gehalten wurde. Er wurde vermutlich aus der Silberkarausche gezüchtet und immer mehr an die Haltung in Fischbecken angepasst. Mit einer Größe von ungefähr dreißig Zentimetern ist es ein eher kleiner Fisch mit einer gedrungenen typischen Karpfengestalt.

Der Goldfisch ist ein naher Verwandter der einheimischen Karausche, mit der er sich erfolgreich paart. Mit dem Giebel ist er nicht verwandt, wenn er auch lange als Zuchtform dieses Karpfenfisches angesehen wurde.

Ab dem siebzehnten Jahrhundert wurden Goldfische nach Europa gebracht und waren bis zum Zwanzigsten Jahrhundert die klassischen Aquarienfische. Sehr oft wurden sie in sogenannten Aquarienkugeln gehalten, diese Quälerei gehört hoffentlich der Vergangenheit an. Immer wieder wurden Goldfische aus Aquarien und Gartenteichen in die Natur entsorgt und haben sich in so manchem Teich gut vermehrt. Diese Nachkommen entwickeln sich häufig in Richtung der Stammform zurück und sind dann auf den ersten Blick kaum von Karauschen zu unterscheiden.

In einem kleinen Teich konnte ich einmal die unterschiedlichsten Zwischenformen bewundern. Einige wahren Wildfarben mit einzelnen roten Flecken, andere waren rot mit dunklen Flecken und andere vollkommen Braun.

In der Natur spielt der Goldfisch keine Rolle, wir können wahrscheinlich gut mit diesem Invasor leben.

Der Blaubandbärbling (Pseudorasbora parva)

Seit einigen Jahren wird, vermehrt ein unscheinbarer Kleinfisch in europäischen Gewässern entdeckt, dessen Heimat Ost Asien ist. Die Größe des Blaubandbärblings liegt um die zehn Zentimeter maximal, daher wird er oft übersehen.

Von der Färbung und Körperform ist er eventuell mit dem Gründling zu verwechseln, durch sein oberständiges Maul ist er von diesem aber gut zu unterscheiden. Als Invasor spielt er hauptsächlich eine Rolle dadurch, dass er den einheimischen Fischen und deren Brut die Nahrung (Zooplankton) wegfrisst.

Wie einige andere Arten wurde er vermutlich als Beigabe von Besatzfischen von Graskarpfen eingeschleppt. Im Zuge seiner weiteren Verbreitung könnten konkurrierende Arten wie Bitterling, Elritze und weitere in ihrem Bestand gefährdet werden.

Leider können wir diesen Invasoren ebenfalls nicht mehr loswerden.

Silberkarpfen, Graskarpfen und Marmorkarpfen (Hypophthalmichthys molitrix)

Die folgenden drei Fischarten kann man getrost gemeinsam abhandeln, da sie einiges gemeinsam haben.

Der Silberkarpfen, der Graskarpfen und der Marmorkarpfen wurden in vielen Angelgewässern Europas ausgesetzt, um üppiges Pflanzenwachstum oder Algen zu bekämpfen. Bedingt durch ihre Größe von zum Teil über einen Meter haben diese Fische es mit der Bekämpfung zu gut gemeint und alle Wasserpflanzen vernichtet.

Da sie sehr schwer mit der Angel zu fangen sind, bereitete es meist sehr großen Aufwand, die ausgesetzten Fische wieder loszuwerden. War ihr Fang die ersten Jahre nach dem aussetzten noch untersagt, wurde von den Angelvereinen später das wieder zurücksetzten untersagt.

Zum Glück können sich diese drei Arten bisher bei uns noch nicht vermehren und stellen daher keine wirklichen Invasoren dar. In Amerika ist das leider nicht so, dort vermehrten sie sich fleißig und führen zu großen ökologischen Schäden.

Da in den meisten Gewässern bei uns mittlerweile der Besatz mit diesen Arten unterbleibt, dürften sie in einigen Jahrzehnten wieder verschwunden sein.

Die Schwarzmeergrundel *(Neogobius melanostomus)*

Die Flussgrundel (Neogobius flufiatilis)
 Die Kessler Grundel (Neogobius kessleri)

Besonders an Rhein und Main stellen diese drei Grundeln aus dem Schwarzmeerraum besonders lästige und auch gefährliche Invasoren dar. Bei einer kleinen Angeltour mit meinem Freund Guido Kreiner konnte ich anschaulich erleben, in welchen Mengen diese Grundeln die Gewässer übernommen haben. Es dauerte keine fünf Minuten, schon war die erste Grundel an der Angel. Und so ging es weiter Biss auf Biss.

Würden diese Neozoen nur den Anglern lästig, währen die Folgen für die Ökologie noch zu verschmerzen. Als Bruträuber fressen sie jedoch den einheimischen Fischen den Laich weg. Als Nahrungskonkurrent sind sie jedoch ebenfalls nicht zu verachten und fressen was sie erreichen können. Dadurch sind die einheimischen Kleinfische akut gefährdet, mit den Grundeln können sie in der Fortpflanzung nicht mithalten und ziehen bei der Nahrungssuche den Kürzeren. In der Folge werden fiele einheimische Fischarten aus den befallenen Gewässern verschwinden.

Als Parasit haben die Grundeln einen Kratzwurm (Pomphorhynchus tereticollis) mitgebracht, der ebenfalls zu den Invasoren zählt und auch die heimischen Fische befällt. Dieser Darmparasit benötigt die ebenfalls zu den Neozoon gehörenden Höckerflohkrebse als Zwischenwirt.

Damit habe ich die wichtigsten Invasoren unter den Fischen abgehandelt, mit Sicherheit werden die nächsten Jahre noch etliche dazu kommen.

Bildlegenden:

Taubenschwänzchen

Wespenspinne

Die Insekten

Unter den Insekten gibt es eine ganze Reihe von Invasoren, welche in der Landwirtschaft zum Teil erhebliche Schäden verursachen. Die meisten davon kamen durch unvorsichtigen Umgang mit Importpflanzen zu uns. Leider ist dieser Zustrom bei weitem noch nicht beendet, dauernd tauchen neue Arten bei uns auf.

Der Kartoffelkäfer (Leptinotarsa decemlineata)

Dieser Käfer ist seit etwa 1870 in Europa bekannt, und hat durch sein massenhaftes Auftreten zeitweise gewaltige Schäden in der Landwirtschaft verursacht. Ursprünglich stammt er aus dem US-Bundesstaat Colorado und ernährte sich hier genügsam von einem Nachtschattengewächs (Stachel Nachtschatten). Als europäische Siedler die Kartoffel einführten, entdeckte er dessen Blätter als schmackhafte Kost und vermehrte sich prächtig.

So konnte es nicht lange dauern, und er begann seinen Siegeszug auch über ganz Europa.

In der Folge kam es vermehrt zu großen Hungersnöten, die Bevölkerung hatte trotz anfänglichem Widerstand die Kartoffel als Hauptnahrungsmittel angenommen. Als die Produktion durch massenhaften Befall mit Kartoffelkäfern ausfiel, war kein ausreichender Ersatz verfügbar.

Dieser Blattkäfer wird etwa einen Zentimeter groß und erreicht eine Breite von sieben Zentimetern. Als auffälliges Merkmal verlaufen zehn schwarze Längsstreifen über die gelblichen Flügeldecken.

Die Larven sind sehr gut an der rötlichen Körperfarbe mit in Längsreihen angeordneten schwarzen Punkten zu erkennen.

Im Frühjahr, nach dem die Kartoffelpflanzen anfangen zu wachsen, kommen die Kartoffelkäfer aus dem Boden. Hier haben sie in etwa zwanzig bis fünfundzwanzig Zentimeter Tiefe überwintert. Sofort machen sie sich über die Kartoffelpflanzen her und fressen etwa zwei Wochen, um sich anschließend zu paaren. Die bis zu 300 Eier werden an der Unterseite der Blätter abgelegt und schlüpfen nach ungefähr zwei Wochen.

Je nach Witterung fressen die Larven bis zu einem Monat, um sich anschließend im Boden zu vergraben. Nach der Puppenruhe erscheinen die Kartoffelkäfer wieder an der Erdoberfläche um sich für die Überwinterung vollzufressen.

Im nächsten Jahr geht das ganze von vorne los.

Auch diesen Invasoren werden wir nicht mehr los werden und die Landwirte müssen gut oder schlecht mit ihm auskommen.

Der Asiatische Marienkäfer (Harmonia axyridis)

Es ist etwa drei Jahre her, da freute ich mich über eine große Zahl Marienkäfer. Auf den ersten Blick hatte ich nicht erkannt, dass es sich dabei um eine neue, hoch invasive Art handelt. Erst bei genauerem Hinsehen konnte ich diese Krabbler als neue Art identifizieren.

Zuerst wurden sie in Amerika importiert, um beim Kampf gegen Blattläuse in den Obstplantagen zu helfen. Da die Anfangserfolge recht gut waren, wurden sie auch bald nach Europa importiert. Auch hier machten sie ihre Arbeit in den Gewächshäusern gründlich und alle waren voll des Lobes über die biologische Schädlingsbekämpfung.

Leider haben sie es aber bald geschafft, sich in der freien Natur zu etablieren. Und in dieser zeigten sie ihre wahren Fähigkeiten. Anders als bei unseren einheimischen Marienkäfern ist die Vermehrung bei dem Harlekin Marienkäfer deutlich höher.

Die Entwicklungsdauer bei unserem Marienkäfer beträgt bis zu sechzig Tagen und er schafft nur zwei Generationen pro Jahr. Der Asiatische Marienkäfer bringt es auf drei Generationen im Jahr und ein erheblich höheres Alter (bis zum dreifachen).

Wir könnten uns über einen neuen Helfer gegen die Blattläuse eigentlich freuen, würden unsere einheimischen Marienkäfer nicht von dem Neuen an die Wand gedrückt. Laut einer Studie aus England nehmen die Vorkommen von Siebenpunkt und Zweipunkt - Marienkäfer seit der Invasion der neuen erheblich ab.

Für die Medizin hingegen ist der Harlekin-Marienkäfer ein wahrer Segen. Er enthält starke antibiotische Wirkstoffe, welche ihn gegen Krankheitserreger unempfindlich machen.

Es soll sogar gegen Malaria und Tuberkulose wirken und könnte für die Suche nach neuen Medikamenten Erstaunliches leisten.

Bei den Winzern ist er aber nicht gerne gesehen. Kommt er in die Maische, könnte er den Geschmack des Weines negativ beeinflussen. Da er sich durch die feinsten Ritzen zwängt, kommt es oft auch zu einem Massenbefall in den Wohnungen.

Es macht keinen Spaß, einen Nützling mit dem Staubsauger zu bekämpfen.

Diesen Invasoren können wir nicht mehr loswerden, wir müssen irgendwie mit ihm zusammenleben. Wie das unsere einheimischen Marienkäfer schaffen, ist ein anderes Thema.

Der Asiatische Laubholzbockkäfer *(Anoplophora glabripennis)*

Anders als die vorgenannten Art, wird der Asiatische Laubholzbockkäfer auch für den Menschen und seine Umwelt bald drastische, wenn nicht verheerende Auswirkungen haben. Vermutlich um das Jahr 2000 wurde dieser baumschädigende Käfer mit Holzpaletten aus China eingeschleppt.

Der Körper des Käfers ist schwarz mit hellen Flecken, das macht diesen Invasoren auf den ersten Blick ganz hübsch.
Er wird bis zu vier Zentimeter lang, die Fühler erreichen das zweieinhalbfache der Körperlänge.

Die Larven sind vom Ungeübten leicht mit denen des Hirschkäfers zu verwechseln. Sie werden bis zu fünf Zentimeter lang und wirken recht kräftig.

Ein Weibchen legt bis zu vierzig Eier in die Ritzen von Laubbäumen, aus denen nach zehn bis zwanzig Tagen die Larven schlüpfen. Diese haben einen ungeheuren Appetit und fressen sich in den Baum vor.

Diese Schädigung führt sehr oft zum Absterben des befallenen Baumes, was diesen Käfer zu einem wirklichen Problem macht.

Die Larve frisst ungefähr zwei Jahre von dem Holz des befallenen Baumes und verpuppt sich anschließend. Nach einer kurzen Puppenruhe erscheint der Käfer im Freien und der Befall geht zügig weiter. Erst die Zukunft wird uns zeigen, welche Auswirkungen der Asiatische Laubholzbockkäfer auf Obstplantagen und Wälder haben wird. Ob eine Bekämpfung möglich ist, ohne einheimische Käfer mit ihm zu vernichten, ist zu bezweifeln.

Der Zitrusbockkäfer (Anoplophora chinensis)

Etwas kleiner als die vorgenannte Art, wird auch der Zitrusbockkäfer vermutlich große Auswirkungen auf unsere Umwelt haben. Er ist in etwa zur gleichen Zeit bei uns aufgetaucht und ähnelt in der Zeichnung dem Asiatischen Laubholzbockkäfer. Er kann eine Länge von 37 Millimetern erreichen, meist ist er etwas kleiner.

Der Käfer lebt etwa zwei Monate und ernährt sich von Rinde und Blättern der Bäume. Nach der Befruchtung legt das Weibchen bis zu zweihundert Eier in die Wurzeln oder Stammbasis der Bäume.

Nach dem Schlupf der Larven fressen die sich allmählich bis ins Innere der Bäume vor und bringen diese sehr oft zum Absterben.

Nach einer Puppenruhe von etwa drei Wochen erscheinen die fertigen Käfer und der Zyklus beginnt von neuem.

Auch diese Käfer Art werden wir so leicht nicht mehr los.

Das Taubenschwänzchen (Macroglossum stellatarum)

Vor wenigen Jahren häuften sich Berichte über angebliche Kolibris in Deutschland. Schnell wurde ein Schwärmer als Ursache der Sichtungen ausgemacht. Wie ein Kolibri schwirrt dieser Schmetterling vor den Blüten und saugt mit seinem langen Rüssel den Nektar.

Im Frühjahr machen sich die Schwärmer im Süden Europas auf den Weg zu einem bis zu dreitausend Kilometer weiten Flug über die Alpen. Hier kommt es im Sommer zu einer Eiablage und die nächste Generation Taubenschwänzchen besucht die Blüten. Die Raupen sind etwa fünf Zentimeter lang und überwiegend grün.

Offensichtlich überwintern mittlerweile eine Menge Falter an geschützten Stellen und der Fortbestand ist nicht mehr alleine auf die Frühjahrswanderung angewiesen.

Das Taubenschwänzchen hat keinen Einfluss auf unsere Natur und wir können uns über diesen Invasoren getrost freuen.

Die Wespenspinne *(Argiope bruennichi)*

Diese hübsche Spinne war bis vor einem halben Jahrhundert nur aus den Mittelmeergebieten bekannt. Plötzlich häuften sich die Sichtungen und innerhalb weniger Jahre hatte sie die größten Teile Mitteleuropas besiedelt. Hier besiedelt sie bevorzugt sonnige Standorte mit vielen Heuschrecken. Die natürliche Klimaerwärmung hatte dieser Art den Sprung nach Mitteleuropa ermöglicht.

Mitte des Sommers legen die Weibchen ihre Eier in einem bräunlichen Kokon ab, in dem die Jungspinnen überwintern.

Diese Spinne ist ebenfalls als positive Bereicherung in der Natur anzusehen.

Das Heimchen *(Acheta domesticus)*

An diesen Invasoren haben wir uns schon so gewöhnt, dass wir ihn nicht mehr als solchen wahrnehmen. Ursprünglich lebte es in großen

Teilen Afrikas, es hat sich mittlerweile in der ganzen Welt breitge-
macht. Im Gegensatz zur Feldgrille (Griyllus campestris) ist es recht
hell gefärbt und auch deutlich schlanker.

In Europa lebt es als reiner Kulturfolger, es kann die Winter im freien
in Mitteleuropa nicht überleben.

Auf unsere Umwelt hat es keinen Einfluss, es spielt aber als Lebens-
mittelschädling eine gewisse Rolle. Da es leicht zu züchten ist, ist es
das bevorzugte Futtertier für eine große Anzahl von Heimtieren. Daher überwiegt bei diesem Tier der Nutzen vermutlich den Schaden.
Los werden können wir es sowieso nicht mehr.

Die Küchenschabe *(Blattella germanica)*

Dieses bezaubernde Tierchen hat sich so erfolgreich auf der ganzen
Erde verbreitet, das die ursprüngliche Heimat nicht mehr feststellbar
ist.

Auf den ersten Blick wird sie oftmals für einen Käfer gehalten. Mit diesen hat sie aber nichts zu tun, es handelt sich bei den Schaben um eine eigene Tiergruppe.

Sie wirkt ziemlich platt und wird bis zu drei Zentimeter lang.

Für die Schädlingsbekämpfer ist sie eine wichtige Einnahmequelle, überall wo es gemütlich warm ist und an Futter kein Mangel herrscht, zieht sie gerne ein. Durch ihre Widerstandsfähigkeit ist sie auch sehr schwer zu vergiften. Nach Atombomben Versuchen gehörten sie zu den ersten wieder erscheinenden Tierarten. Von Bäckereien bis zu Krankenhäusern ist sie überall schnell anzutreffen und verursacht bei vielen Menschen regelrecht Ekel.

Die Reblaus *(Viteus vitifoliae)*

Vor gut hundert Jahren führte ein neuer Schädling im Weinbau zu gewaltigen Einbußen. Aus Nordamerika wurde mit neuen Rebstöcken ein Schädling eingeführt, welcher schon einmal einen Vorgeschmack auf noch kommende Invasoren lieferte.

Der unbesonnene Export von Pflanzenarten hat schon sehr oft zu Katastrophen geführt und sollte der Vergangenheit angehören.

Leider hat man daraus nichts gelernt und es kommt immer wider zu eingeschleppten Pflanzenkrankheiten und Schädlingen.

Da die Reblaus sowohl die Wurzeln wie auch die Blätter der befallenen Weinstöcke heimsucht, ist der Befall recht wirkungsvoll in den heimgesuchten Weinbergen. Zuerst erwischte es die französischen Winzer, bald jedoch hatte es ganz Europa erwischt. Nur durch geeignete Unterlagen lässt sich der Befall eindämmen. Mittlerweile ist dieser Schädling durch die Auswahl resistenter Unterlagen gut unter Kontrolle.

Die Gelbfüßige Bodentermite (Reticulitermes flavipes)

Dieser Neozoen gelangt ebenfalls mit dem Fernhandel in alle Teile der Welt und lebte ursprünglich in Amerika. Als Holzschädling stellt diese Termiten Art eine Gefahr in Fachwerkhäusern, Bibliotheken und Museen dar. Entgegen ihrem Aussehen sind es keine Ameisen, sondern eine besondere Form der Käfer. Sie leben in größeren Kolonien und verbreiten sich durch geschlechtsreif gewordene, geflügelte Tiere.

Die Argentinische Ameise *(Linepithema humile)*

Bei der Argentinischen Ameise spricht man mittlerweile von einem der mächtigsten Organismen der Welt. Dieses Tierchen ist gerade einmal zwei Millimeter klein und doch unglaublich gefährlich.

Die europäische Mittelmeerküste haben sie inzwischen voll unter Kontrolle gebracht. Es gibt in den befallenen Bereichen so gut wie keine andere Ameisenart mehr.

Durch Milliarden von Arbeiterinnen wird dadurch der größte Superorganismus der Welt gebildet.

Wie der Name schon sagt, stammen sie ursprünglich aus Argentinien, durch den weltweiten Warenverkehr gibt es für solche Arten keine Grenzen mehr. Da bei dieser Art mehrere Königinnen in einem Staat leben, sind sie den einheimischen Arten haushoch überlegen. Mehrere Königinnen legen ein Mehrfaches an Eiern wie eine Einzelne. Geht bei einer einheimischen Art die Königin verloren, stirb der Staat. Bei der Argentinischen ist diese Gefahr nicht gegeben. Ob sie noch weiter nach Norden vordringen kann, ist noch nicht abzusehen. Die klimatischen Verhältnisse stehen dem noch entgegen, ob sie sich anpassen können, bleibt abzuwarten.

Die Pharaoameise (*Monomorium pharaonis*)

Die Pharaoameise ist einer der vielen Neozoen, die durch die weltweiten Handelsströme in vielen Ländern der Erde eine neue Heimat gefunden hat. Ursprünglich stammt sie wahrscheinlich aus Ostindien. Bei uns kann sie im Freien nicht überleben, es ist ihr im Winter zu kalt. Allerdings hat sie durch ihre Anpassungsfähigkeit in den Innenräumen eine weite Verbreitung gefunden. Und hier wird sie stellenweise zu einem wirklichen Problem. Ob sie in Computern die Stromkabel beschädigt oder in Bäckereien zur ungewollten Nahrungsbereicherung des Menschen beiträgt, so richtig gerne haben wir sie nicht. Besonders übel ist ihr Aufenthalt in Krankenhäusern, wo sie sich in medizinischen Geräten und unter Wundverbänden so richtig wohl fühlt. Aber auch ein von ihr verursachter Kabelbrand kann zu sehr üblen Folgen führen.

Mit den üblichen Ameisen Fraßködern ist sie recht gut zu bekämpfen, aber der Nachschub lässt meist nicht lange auf sich warten. Auch diesen Neozoen werden wir wie viele Andere nicht mehr los.

Die Blaue Fichtenholzwespe *(Sirex noctillio)*

Mit der Blauen Fichtenholzwespe haben wir es ausnahmsweise mit einem Schädling zu tun, der von Europa aus große Teile der Welt bevölkerte. Während diese Art in Europa nur als Sekundärparasit von bereits befallenen Bäumen auftrat, werden in Amerika und Australien auch gesunde Bäume in Massen befallen. Hier fehlen die natürlichen Gegenspieler dieses Forstschädlings, und er kann ungehindert zuschlagen.

Dadurch wird eindeutig das Risiko durch eingewanderte Arten belegt. Mit Dynamik hat das nichts zu tun, es entsteht ein eindeutiges Schadenspotential.

Die Rosskastanienminiermotte *(Cameraria ohridella)*

Vor einigen Jahren fielen mir an den Kastanien Bäumen haufenweise braune Blätter auf. Sehr schnell fand ich heraus, dass wir es hier mit einem neu eingewanderten Schädling zu tun haben. Durch einen Kleinschmetterling aus Griechenland werden Eier in die Blätter der Kastanien gelegt. Aus diesen schlüpfen nach kurzer Zeit die Raupen, durch deren Fraß das typische Schadbild der befallenen Bäume entsteht. Der Befall ist an braunen Flecken auf den Blättern, welche sich schnell ausbreiten, leicht zu erkennen.

Der erste Befall wurde vor über zwanzig Jahren in Österreich bemerkt. Mittlerweile hat sie ganz Mitteleuropa besiedelt, da sie hier noch keine natürliche Feinde hat. In wieweit die Bäume auf Dauer geschädigt werden, lässt sich jetzt noch nicht abschließend sagen. Immerhin sind sie über Wochen in der Assimilation eingeschränkt. Es bleibt zu hoffen, dass sich bald einige Fressfeinde auf diese Motte einschießen und den Befall eindämmen.

Wahlnussfruchtfliege (Rhagoletis completa)

Diesen Schädling haben wir aus Nordamerika bekommen. Durch die Larven der Wahlnussfruchtfliege fault das Fruchtfleisch der Walnüsse und sie werden für den Verzehr ungeeignet. Sobald die Larven ausgewachsen sind, verlassen sie die Walnüsse und fallen zu Boden.

Hier verpuppen sie sich und kommen im nächsten Frühjahr zu neuen Untaten an die Oberfläche.

Die Varroamilbe (Varroa destructor)

Es ist noch gar nicht lange her, da begann europaweit ein gewaltiges Bienensterben. Schnell wurde eine durch neue Königinnen eingeschleppte Milbenart als Verursacher ausgemacht. Diese Milbe lebt nur im Inneren der Bienenstöcke und heftet sich an die Bienen. Durch die umherfliegenden Bienen werden sie zu anderen Bienenstöcken gebracht und verbreiten sich weiter.

Der Schaden wird durch das Saugen der Milben an den Bienen und deren Brut verursacht. Werden die befallenen Bienenvölker nicht behandelt, sterben sie bald ab. Leider ist die Milbe immer aufs Neue resistent gegen viele Präparate zur Bekämpfung.

Am ehesten Erfolg versprechend sind auf Dauer organische Substanzen wie Milchsäure, Oxalsäure und Ameisensäure.

Dieser Invasor führt zu erheblichen finanziellen Einbußen bei den Imkern und gefährdet die Bestäubung von Obstbäumen und vielen anderen Pflanzenarten.

Durch ihn wurde eindrucksvoll gezeigt, dass der Import von Tieren zu nicht absehbaren Schäden führen kann. Auf der kroatischen Insel Krk erzähle mir ein Imker, dass er in wenigen Monaten zweihundert Bienenvölker durch den Befall mit dieser Milbe verloren hatte.

Die Asiatische Tigermücke (Stegomyia albopicta)

Stechmücken haben allgemein keine große Beliebtheit, bei dieser eingeschleppten Art trifft das ganz besonders zu.

Seit etwa dreißig Jahren verbreitet sich dieses aus den südostasiatischen Tropen stammende Tierchen über Europa.

Hier fällt sie nicht nur als lästige Stechmücke unangenehm auf, als Überträger von Krankheiten macht sie ebenfalls von sich reden.

So beschert sie uns unbeabsichtigt das Dengue Fieber, das Gelbfieber und unter Anderen noch das West Nil Fieber.

So starben auf der Insel Re'union etwa 248 Menschen bei einer durch die Tigermücke ausgelösten Epidemie.

Da wird der Ruf nach Duldung der Invasoren und Multikulti im Tierreich besonders fragwürdig.

Die Weichtiere

Die Spanische Wegschnecke (Arion vulgaris)

Dieses schleimige Tier breitet sich seit Jahren sehr stark über Deutschland und seinen Nachbarländern aus. Im Gegensatz zu unseren einheimischen Schneckenarten wird diese von den meisten natürlichen Feinden aufgrund ihres dicken Schleimes verschmäht. Ihren Namen verdankt sie einer Verwechslung mit einer anderen Art, ob sie überhaupt in Spanien vorkommt, ist nicht ganz sicher. Wie alle anderen Schnecken und viele Weichtiere sind die Spanischen Wegschnecken Zwitter.

Nach der Paarung legen die Schnecken bis zu vierhundert Eier ab, aus denen im Herbst oder nächstem Frühjahr die nächste Generation Schnecken schlüpft. Da sie wenige natürliche Feinde hat, wurde durch sie die einheimische Rote Wegschnecke großflächig verdrängt. Durch ihre große Dichte, die sie aufgrund natürlicher Feinde erreicht, ist sie ein großer Gartenschädling.

Durch die sehr große Anzahl von Frucht- und Gemüseimporten werden bestimmt auch in Zukunft noch viele keinesfalls erwünschte Arten ihren Siegeszug bei uns antreten. In letzter Zeit wurde in einigen Publikationen verbreitet, durch Gentests sei diese Art als einheimische Art identifiziert. Das ist so nicht richtig. Durch Gentests wurde lediglich bewiesen, dass diese Art nicht aus Spanien kommt. Ihr wirkliches Herkunftsgebiet wird sich nicht mehr feststellen lassen, da sie schon zu weit verbreitet ist.

Die Wandermuschel *(Dreissena polymorpha)*

Durch den Main – Donau Kanal hat sich diese Muschelart die letzten Jahrzehnte über Europa verbreitet. Ursprünglich stammt sie aus dem Schwarzen Meer. Da sie sich auch an Schiffsrümpfe anheftet, konnte sie leicht neue Lebensräume erobern. Sie wird bis zu vier Zentimeter lang und fällt durch die dreikantige Form auf. Inwieweit sie durch Anheften große Muschelarten gefährdet, müssen noch Untersuchungen zeigen.

In den Großen Seen Nordamerikas wird sie zu einem gewaltigen Problem, da sie Wasserleitungen und Wehre durch ihre schiere Menge verstopft.

Die Pflanzen

Bei einer Wanderung durch die Natur oder einen städtischen Park begegnet man haufenweise Pflanzenarten, die vom Menschen aus anderen Kontinenten eingeführt wurden.

Das ist bei den meisten Arten auch nicht weiter schlimm, da sie sich nicht unkontrolliert vermehren. Manche Arten allerdings haben bei uns einen idealen Lebensraum angetroffen, dass sie zu einer Plage mit starken Auswirkungen auf die Umwelt werden.

Der weltweite Handel mit lebenden Tieren und Pflanzenarten birgt ungeahnte Risiken für Natur und Menschen. Leider funktioniert die Kontrolle dieser Handelsströme nicht mal im Ansatz. Wir werden daher immer wieder mit neuen Invasoren oder deren mit eingeschleppten Schädlingen zu kämpfen haben.

Drüsiges Springkraut

Japanischer Staudenknöterich

Kastanienmoniermotte

Herkulesstaude

Grundel

Das Indische Springkraut *(Impatiens glandulifera)*

Einst ging ich am Ufer der Horlof entlang oho ohoo olalala. An diesem Mittelhessischen Bach fand ich leider kein schlafendes Mädchen, wie in dem Lied. Jedoch bestaunte ich große Bestände einer hübsch blühenden Pflanze, welche ich bis dato nicht kannte.

Diese Pflanze stammt aus dem westlichen Himalaja und wurde vor eineinhalb Jahrhunderten nach Europa gebracht. Auf den ersten Blick wirkt diese Pflanze recht ansprechend. Auf die Vegetation der Flüsse hat sie aber verheerende Auswirkungen.

Durch ihr sehr starkes Wachstum unterdrückt sie alle anderen Pflanzenarten und verhindert den Lichteinfall auf die Gewässer. Leider ist es noch zu keiner großflächigen Bekämpfung dieser Pflanze gekommen und sie kann sich immer weiter ausbreiten. Nur durch konsequentes Abmähen und Vernichten des Mähgutes lässt sich dieser pflanzliche Invasor in den Griff bekommen.

Der Japanische Staudenknöterich (Fallopia japonica)

Diese Pflanze wurde ebenfalls als Zierpflanze aus Ostasien bei uns eingeführt. Wie das Indische Springkraut verursacht diese Pflanze durch ihr wucherndes Wachstum Schäden an anderen Pflanzenarten durch Überschattung und Verdrängung.

Wie bei der Vorgenannten helfen nur rigoroses Mähen und Ausreißen der Pflanzen.

Die Kanadische Goldrute *(Solidago canadensis)*

Für diese Pflanze aus Kanada gilt das Gleiche wie für die beiden vorgenannten. Auch sie wurde als Zierpflanze bei uns eingeführt und verbreitete sich explosionsartig. Da auch sie einheimische Pflanzen verdrängt, muss sie ebenfalls konsequent bekämpft werden.

Die Kanadische Wasserpest *(Elodea canadensis)*

Ursprünglich wurde die Kanadische Wasserpest als Aquarienpflanze in Europa eingeführt. Durch ihre starke Vermehrung wurden bald überflüssige Pflanzen in die heimischen Gewässer verbracht. Hier verbreiteten sie sich rasant und besiedelten Deutschland bald flächendeckend.

Für einige Tierarten stellt diese Neubürgerin einen Segen dar, Molche legen darin ihre Eier ab und auch für Fische ist sie ein beliebtes Laichkraut.

Angler sind jedoch oft weniger glücklich, wenn in einem Gewässer ein starker Bestand dieser Pflanze gedeiht und das Angeln fast unmöglich macht.

Im Gegensatz zu den vorher genannten, sind bei dieser Pflanzenart noch keine ökologischen Beeinträchtigungen zu beobachten. Hoffen wir, dass es so bleibt.

Die Opuntien

So mancher wird überrascht sein, von diesem angeblichen Wüstenbewohner als Invasor in unseren gemäßigten Breiten zu hören. Diese Pflanzen besiedeln Amerika vom Süden bis in den hohen Norden und sind stellenweise extremen Wetterbedingungen ausgesetzt. Sehr starke Kältegrade sind für einige Opuntienarten kein Problem. Eher ist es die Nässe im Winter, die ihnen bei uns zu schaffen macht. In Australien hatten eingeschleppte Opuntien für ein sehr großes landwirtschaftliches Problem gesorgt. Aufgrund idealer Lebensbedingungen hatten sie sich extrem stark vermehrt. Stellenweise standen sie so dicht, dass die Schafe und Rinder nicht mehr an ihr Futter kamen.

Erst ein aus Amerika eingeführter Schädling hat die Bestände zusammenbrechen lassen.

Bei uns kann die Opuntie zu keinen Problemen führen, da die Lebensbedingungen hierzulande keineswegs optimal für diese Pflanzen sind. Einige kleine Populationen gibt es allerdings, in Südeuropa haben sie sich deutlich stärker verbreitet.

Die Hekulesstaude *(Heracleum mantegazzianum)*

Die Herkulesstaude stammt ursprünglich aus dem Kaukasus, wurde aber schon vor vielen Jahrzehnten nach Europa gebracht. Hier besiedelte sie anfangs hauptsächlich Parkanlagen, gelangte jedoch schnell in die Natur.

Hier fällt diese imposante Pflanzenart durch ihre enorme Größe von bis zu vier Metern leicht auf.

Da sie pro Jahr 30.000 Samen ansetzt, ist sie schwer unter Kontrolle zu bringen. Pflanzenfreunde haben diese Samen oft entlang von Straßen und Autobahnen aus dem Fenster geworfen. Dadurch wurde die Verbreitung ungemein gefördert, und man sah dieses Riesengewächs plötzlich überall.

Recht bald wurden die ersten Vergiftungen registriert. Besonders Kinder erleiden eventuell stark juckende Entzündungen, welche zu Blasen führen können und erst nach längerer Zeit heilen.

Aufgrund dieser starken Symptome wurde der Herkulesstaude bald der behördliche Kampf angesagt, in der Zwischenzeit ist deutlich seltener geworden.

Mancherorts kam es zu panikartigen Verfolgungsaktionen dieser Pflanzenart, eine gezielte Aufklärung der Kinder wäre ausreichend gewesen.

Zur Bekämpfung werden am besten die großen Samendolden abgenommen, dadurch ist die Weiterverbreitung unterbunden.

Ambrosia (artemissfolia)

Wie bei der Vorgenannten ist die Beifuß Ambrosia ein vermeintliches gesundheitliches Problem. Ob die Allergie auslösende Wirkung dieser Pflanze auf Tatsachen oder die in Deutschland übliche Panik beruht, ist noch nicht eindeutig geklärt. Immerhin ist diese Pflanze in ihrer amerikanischen Heimat eine Heilpflanze. Einige gesundheitliche Probleme werden gerne hochgespielt, wenn sich wieder einmal jemand profilieren möchte.

Immerhin enthält sie schmerzstillende, endzündungshemmende und fiebersenkende Wirkstoffe. Vermutlich ist ihre Bedeutung als Heilpflanze bedeutend höher einzuschätzen, wie ihre Allergie auslösende. Ob die Pollen wirklich zu den stärksten Allergie – Auslösern gehören, sollte vor einer übereilten Panikmache gründlicher untersucht werden. Bei den wenigen Kreuzottern bei Nürnberg haben wir deutlich erlebt, dass Panikmache und Dummheit oft Hand in Hand gehen. Die Wirklichkeit spielt dann keine Rolle mehr. In Nürnberg haben einige Schlangenhasser die Bürger so aufgewiegelt, dass streng geschützte und akut vom Aussterben bedrohte Schlangen sinnlos erschlagen werden.

Im Gegensatz zur Kreuzotter müssen wir Ambrosia und Herkulesstaude nicht schützen, es sind keine einheimischen Pflanzen. Sollten sie in der Medizin eine wichtige Rolle spielen, gehören sie in spezielle Gärtnereien und nicht in die Natur.

Bambus (Bambuseae)

Von Gartenfreunden wurden an verschiedenen Stellen des Öfteren Bambusableger in der Natur ausgepflanzt.

Da viele Bambusarten sich über ihre Rizome schnell verbreiten können, ist es in einigen Gegenden Deutschlands zu regelrechten Bambusgestrüppen gekommen.

Durch ihre Widerstands fähigen Rhizome ist ein größerer Bestand dieser Pflanzen sehr schwer zu beseitigen. Das Wurzelmatereal kann schnell mehrere LKW Ladungen ausmachen.

In den Tropen kann manche Art am Tag bis zu einem Meter Wachsen. Bei uns geht das deutlich langsamer.

Da er sich bei uns nicht über Samen vermehren kann, würde ich ihn nicht als invasive Art bezeichnen.

Mit dieser Pflanze möchte ich die Aufzählung der Invasoren abschließen. Meine Aufzählung enthält nur einige wichtige Arten und ist keinesfalls komplett. Die nächsten Jahre und Jahrzehnte werden uns noch viele Arten bescheren. Bleibt zu hoffen, dass es durch einige nicht zu gefährlichen Krankheiten und Epidemien kommt.

Bambus

KURT ORTH

Kurt Orth, geboren am 21.01.1949, verheiratet seit 1974, lebt mit seiner Familie in Hessen. Bereits in seiner Kindheit liebte er Tiere über alles und verbrachte seine Zeit zum Leidwesen der Eltern vorwiegend in den Wäldern des Vogels-berges. Nach Berufsausbildungen im Bäcker- und Konditorhandwerk und später im Kaufmännischen Bereich war er seit 1993 als Systembetreuer tätig, nun genießt es seinen Ruhestand. Er hält und züchtet hobbymäßig seit fast 40 Jahren Reptilien und Amphibien und schrieb darüber bereits mehrere Berichte in Fachzeitschriften, welche zum Teil in mehreren Sprachen veröffentlicht wurden.

In seinem ersten Buch setzte er dem unglaublichen Wiesel Susi ein Denkmal (Susi oder eine Hand voll Glück)

In seinem zweiten Buch (Verlorene Vielfalt) möchte er der Natur und ihren Tieren ein bleibendes Denkmal setzen und die Erinnerung an unwiederbringlich Verlorenes wach halten. Nur wem bewusst ist, was in den letzten Jahrzehnten verloren ging, der wird versuchen, das noch Erhaltene zu bewahren.

Das jetzige Buch behandelt die eingewanderten oder ausgesetzten Tier- und Pflanzenarten

Adresse: Kurt Orth, Baumgartenstraße 34, 35321 Laubach, Mail: <u>kurtorth@kurtorth.de</u>,

Tel. 06405/500206, Internetseite: kurtorth.de

www.ingramcontent.com/pod-product-compliance
Lightning Source LLC
Chambersburg PA
CBHW071404280526
45787CB00001B/430